捏

国家十二五
重点出版项目

中国民间艺术传承人口述史丛书

Oral Histories of Chinese Folk Arts and Crafts

手捏戏文

惠山泥人世家喻湘涟王南仙口述史

主编◆王文章
副主编◆王海霞
口述人◆喻湘涟 王南仙
整理者◆王连海

CCTP
中央编译出版社
Central Compilation & Translation Press

“经典中国国际出版工程”项目

图书在版编目（CIP）数据

手捏戏文：惠山泥人世家喻湘涟王南仙口述史／王文章主编.

—北京：中央编译出版社，2010.1

（中国民间艺术传承人口述史丛书）

ISBN 978-7-5117-0035-3

Ⅰ.手… Ⅱ.王… Ⅲ.①喻湘涟－生平事迹②王南仙－生平事迹 Ⅳ.K825.72

中国版本图书馆 CIP 数据核字（2009）第167165号

手捏戏文——惠山泥人世家喻湘涟王南仙口述史

出 版 人：和　龑
策划编辑：吴颖丽
责任编辑：盛菊艳
美术编辑：子　木
责任印制：尹　珺
出版发行：中央编译出版社
地　　址：北京西单西斜街36号（100032）
电　　话：（010）66509360（总编室）（010）66509246（编辑部）
（010）66509364（发行部）（010）66509618（读者服务部）
网　　址：http://www.cctpbook.com
经　　销：全国新华书店
印　　刷：北京雅昌彩色印刷有限公司
开　　本：1/16
字　　数：101千字
印　　张：14.75
版　　次：2010年3月第1版第1次印刷
定　　价：398.00元

总 序

王文章

21世纪初，社会公众对中国非物质文化遗产保护的关注度、参与保护的热情，以及中国非物质文化遗产保护工作的有力推进，成为中国文化界乃至中国社会的重要事件。从大多数人对“非物质文化遗产”一词的内涵不知所云，到“非物质文化遗产”成为家喻户晓的词汇，人们普遍对它的具象呈现形态有了一定的认知，并支持或主动参与保护工作，说明人们在现代化进程的背景下，已经看到，由于生活水平的提升和生活方式的变化，作为传统社会生存环境下人们生活方式和生产方式的非物质文化遗产正在急剧消失的现实，而这种现实，一定会对人类社会可持续发展的前景带来不可挽回的损失。因之，全面保护非物质文化遗产已经成为全社会的共识。

但是，保护非物质文化遗产这个时代性的课题应当怎样正确解答，人们的答案并不一致。这种不一致的根源，主要是源自推动经济发展与非物质文化遗产保护之间的矛盾。把非物质文化遗产看成单纯的经济资源，在保护的名义下扭曲其本质特性过度开发，如把民族民间的原生态歌舞改变为肤浅时尚的刻板表演服务于旅游场所，或把传统手工技艺视作不具经济潜力的项目而任其式微，等等。近年来，我们还常见的一种现象是在城市特别是农村建设中，以新的建筑或新的环境形态将承载某个特定区域人们世代相传文化技艺的物质载体（如某些文化空间）彻底改变。这种不能正确把握和处理社会发展与非物质文化遗产保护关系的情况，已经并还在对非物质文化遗产的保护带来伤害。我们应该正视并改变这种现象。

毫无疑问，非物质文化遗产保护是一个动态的过程。正确的保护不是使它凝固和停止发展。2003年10月17日联合国教科文组织通过的《保护非物质文化遗产公约》指出：“这种非物质文化遗产世代相传，在各社区和群体适应周围环境以及与自然和历史的互动中被不断地再创造，为这些社区和群体提供持续的认同感，从而增强对文化多样性和人类创造力的尊重。”非物质文化遗产的有效保护，从根本上说，就是要保证其按照自身内在规律去自然衍变，在自然的衍变中与人类社会的持续发展相并行，我们既不要人为地去中断它自然衍变的进程，也不要人为地去使它突变。我想，这应是保护工作最根本的意义，也是保护工作最艰难、最核心的用力点。

非物质文化遗产在自然衍变发展中呈现的形态是丰富多样的，这决定了我们采取的保护方式也应是多样的。但对于传统手工技艺类的项目，采取生产性保护的方式应当是一种恰当的方式。这种方式，可以使非物质文化遗产项目的传承人，这些技艺的持有者将自己本身的技艺作为一种生产和生活的手段，既可以因此而获得劳动的报酬，也可以因此而使技艺传承，并在自己的作品与使用者的对应中，使技艺的继承与创新具有激发创造智慧的基础。这套“中国民间艺术传承人口述史丛书”，记录了这些传承人技艺传承的历程，他们的技艺如何精湛，以及他们对技艺的思考；展现了他们如何以生产性保护的方式，使这些不同的技艺在传统的浸润中也融入了新的艺术元素，并得到人们的喜爱，而他们也因此具有了持续传承的经济基础。

在人类社会现代化进程不断加快、科技快速发展和全球经济一体化的时代，越来越多的民族、地区和人口被纳入到世界变化的总体格局之中。保持人类文化的多样性，是与人类社会的可持续发展紧密相连的。而保护各个民族具有独特创造个性和蓬勃生命活力的民间艺术，是人类文化多样性形态不成为博物馆化和标本式存在表象，而永具生生不息生命力的重要保证。我想，读者会从“中国民间艺术传承人口述史丛书”中体会到这些。

2009 年 9 月 22 日

目录

Contents

喻湘涟与王南仙都是50年来从未离开惠山泥人艺术的坚守者，她们从未中断彩塑生涯。喻湘涟专攻捏坯，王南仙专攻彩绘；两人合作近40年，配合默契、相得益彰，成为最具代表性的一对搭档，是当今惠山泥人大师中最有代表性的彩塑艺术家。

惠山泥人也叫无锡泥人，当代又称“惠山彩塑”、“无锡彩塑”或“无锡惠山彩塑”，是以产地冠名的著名民间工艺品。大约起源于明代晚期，已有400多年的历史了。

第二章 喻湘涟与王南仙的手捏戏文生涯 ………… 032

喻湘涟侧重于塑，王南仙侧重于彩。这种彩塑分工的合作方式在中国彩塑界为惠山所独有。两位大师秉承前辈传统，坚守传统阵地，体现出难能可贵的艺术追求。经历了近40年的协作，两位大师的合作关系已经达到了“焦不离孟，孟不离焦”的程度。她们的作品凝聚着二人共同的艺术理想，体现了共同的艺术成就。

第三章 喻湘涟谈泥人的捏制 …………………… 080

惠山泥人手捏戏文的捏坯技术比较复杂，不仅需要熟练的捏坯手法，还需要作者对戏曲本身、对彩塑本身的理解与判断。彩塑作品不仅仅是对舞台形象的记录，它是作者将最精彩的戏文情节进行再创作的结果。

王南仙详尽描述了惠山泥人传统彩绘的设计思想和彩绘方法、装饰方法。惠山泥人的彩绘以“新、清、齐、爆”为最高境界。除了用颜料彩绘之外，惠山泥人还需进行精心的装饰，行话叫“装銮”。通过装饰，达到“闹猛”的效果。

关于惠山泥人，无论是历史遗留的优秀作品，还是现在创作的优秀作品，都是非物质文化遗产的典型代表。其中口传心授的经验和方法所蕴含的创作思想、审美趣味以及一套完整的手工技艺，都体现了非物质文化遗产的特征，是民族文化的精华。

和氣吉祥

≫ 喻湘涟

口述人喻湘涟、王南仙简介

喻湘涟，女，汉族，1940年1月出生，无锡市人。自幼受到家庭影响，喜爱惠山泥人艺术。六七岁开始跟随外祖父蒋金奎做泥人。15岁正式拜著名艺人蒋子贤为师，学习惠山泥人传统技艺。1955年9月考入江苏省泥塑彩绘训练班，学习彩塑理论。先后在惠山泥人厂、惠山泥人研究所从事惠山泥人创作。70年代下放到苏北响水县，仍然从事彩塑造型研究，并赴南京博物院创作革命历史题材彩塑。1993年被轻工业部授予“中国工艺美术大师”称号，2006年被国家发改委授予“中国工艺美术大师”称号。喻湘涟从艺50余年，潜心探讨惠山泥人本质特征，创作多种特色鲜明的手捏戏文，成就卓著。注重维护传统技法，总结出惠山“手捏戏文十八法”，为惠山泥人理论研究作出了贡献。

王南仙，女，汉族，1941年5月出生，无锡市人。王南仙出身惠山泥人世家，父亲开办“王茂生泥人店”，经营惠山泥人。王南仙自幼受到家庭影响，喜爱泥人艺术。1956年考入江苏省泥塑彩绘训练班，学习彩塑艺术。1960年至1664年在无锡市泥人厂创作设计室从事

王南仙

手捏戏文彩绘工作。1964年始在无锡泥人研究所“陈毓秀工作室”师从著名艺人陈毓秀，从事传统手捏戏文彩绘研究。后来她担任了泥人厂彩绘组组长，钻研彩绘技法达50年。1996年被轻工业部授予“中国工艺美术大师”称号。2006年被国家发改委授予第五届“中国工艺美术大师”称号。王南仙从艺50余年，潜心探讨惠山泥人彩绘技艺，创作多种特色鲜明的手捏戏文，成就卓著。她注重维护传统彩绘技法，为惠山泥人理论研究作出了贡献。

喻湘涟与王南仙都是50年来从未离开惠山泥人艺术的坚守者，她们从未中断彩塑生涯。在艺术实践中，不断探索、勤奋学习，探索惠山泥人的真谛，学习前辈的优良传统；逐步加深了对惠山泥人艺术的理解，提高了评判水平。喻湘涟专攻捏坯，王南仙专攻彩绘；两人合作近40年，配合默契、相得益彰，成为最具代表性的一对搭档，是当今惠山泥人大师中最有代表性的彩塑艺术家。她们的作品继承了惠山泥人手捏戏文的优良传统，保持着惠山泥人的基本特征，她们都是惠山彩塑艺术杰出的传承人。

第一章

惠山泥人的历史

本章综述

惠山泥人也叫无锡泥人，当代又称“惠山彩塑”、“无锡彩塑”或“无锡惠山彩塑”，是以产地冠名的著名民间工艺品。

惠山泥人，大约起源于明代晚期，依据是明末文学家张岱在《陶庵梦忆》中说的那句话：“无锡去县北五里为锡山。进桥，店在岸。店精雅，卖泉酒、水坛、花缸、宜兴罐、风炉、盆盎、泥人等货。”若据此时算起，惠山泥人也有400多年的历史了。

入清以后，惠山泥人逐渐步入鼎盛。惠山有100多所祠堂，艺人队伍以看守祠堂的人为主，他们利用看门的空闲时间从事创作与生产。每年寺院庙会期间、蚕茧成熟期间以及学子赶考期间，都是出售泥人的兴旺季节。

乾隆年间，无锡开始出现泥人作坊，在“上河塘”一带，有钱、袁、朱、蒋四姓人家开设专门经营泥人的手工作坊，既做又卖。每年八月十五至翌年四月为旺季。这一时期的作品都是儿童玩具，亦称“耍货”。已知的品种有蚕猫、车老虎、车状元、车小尼姑下山、桶里小妹妹、小花囡、如意囡、阿福等。

乾隆、嘉庆之际，比较著名的艺人有王春林、胡万成、冯阿自、周坤等人，他们创作了《渔翁》、《寿星》、《东方朔》、《张仙送子》、《小尼姑下山》等优秀作品。

惠山泥人中还有一种“小板戏”，取材于昆腔和徽班的舞台人物，造型简练，色泽明艳，用双片模压印成形，遍施彩绘。因为每个人物都以一块小泥板为底座，故名。这些小人披甲扎靠，各持兵器，很像戏剧人物。关于小板戏的缘起，目前尚无定论。有人认为，小板戏是手捏戏文的发展变化形式，是对手捏戏文的概括与提炼。另一种观点则认为，小板戏应当早于手捏戏文，是最早的戏文泥人。

同治、光绪年间，惠山泥人发展迅猛，声名远播，行销广泛，出现了48家专门从事泥人生产的手工作坊，其中，较为著名的字号有：胡万盛大房、胡万盛二房、章万盛、蒋万顺、朱祥和、章锦泰、陈洪茂、钱万丰、周六房、鲍顺兴大房、鲍顺兴二房、龚源盛、龚源茂、戴洪泰、戴源茂、陈云记、虞福茂、丁合兴、周坤记、泰源昌。这些泥人作坊的出现，标志着惠山泥人向产业化、专业化迈进。“手捏戏文”就在这一时期达到高峰。

手捏戏文完全手工捏制，不用模印，取材于戏剧舞台的人物原型，以一出戏中的两个或三个人物为一组，表现剧目中的主要情节。后来，取材方向有所拓展，增加了历史人物、传说故事以及仙佛神话等内容，作品题材已经超出了戏文的范围，但仍称作手捏戏文。手捏戏文的出现，使惠山泥人脱离了泥玩具的局限，完成了民间泥塑向民间艺术观赏品的转型，成为独具特色的著名工艺美术品种。

手捏戏文因做工精细、品质华贵而与一般泥玩具形成反差，相对而言，被称为“细货”；而泥玩具则在细货的比较之下，被称为“粗货”了。

同治、光绪年间，两大流派的存在促进了工序的分工和细化，塑型与彩绘开始分家。一些艺人专门钻研塑形工艺；另一些人则潜心探究彩绘，塑与绘分别由两种艺人担任，各自都具备了相对独立的专业方向。

远眺锡山和惠山

从直街看锡山寺

这是在全国各地泥人制造业中罕见的现象。

光绪戊戌年间，无锡成立了泥塑艺人的行会组织“耍货公所”。公所的设立，对于加强泥人行业内部的交流，巩固泥塑行业的社会地位发挥着积极的促进作用。但是，终因战乱频仍而告解散。

中华人民共和国成立以后，无锡创建了泥人研究所和泥人厂，并举办培训班，培养彩塑专业人才。由于雕塑专业人员的介入，无锡泥人发展成为由传统泥人、现代雕塑和当代彩塑三个流派组成的地域性著名工艺品。目前，惠山泥人正在萎缩，面临失传的危险，保护和继承这一著名的工艺品种，正是亟待解决的问题。

一、惠山的风俗养育了泥人

时　　间：2006年7月21日中午
地　　点：惠山泥人研究所
口 述 人：喻湘涟、王南仙
采 访 人：王连海、更　生、周　佳、林　芳
录音整理：林　芳、周　佳

惠山寺天王殿

惠山寺山门

寄畅园正门

喻湘涟：原来我们的惠山泥人不叫惠山泥人，它有个俗称，叫烂泥嬷嬷，也叫烂泥菩萨，但那个土话现在我们很少用。为什么惠山出泥人呢？这有它的文化背景。无锡原来有好多土产，吃的有油酥饼、金刚肚脐饼，还有桂花大栗、豆腐花等等；有喝茶看戏的地方，还有书院，像万卷楼书院、二泉书院、紫阳书院，都是文人画画看书的地方；还有很多祠堂，先有祠堂，后有泥人，看祠堂的多数都会做泥人。

手捏戏文的发展与江南的民间习俗分不开。每到年节和喜庆的日子，那些富裕的农家和有钱的大户，都要买几出或几堂手捏戏文作摆设，书香人家一般是摆放在客厅的长台上，用一个大玻璃罩子罩着，一堂一堂的戏文放在里面。一来是显示隆重，二来是增加节日气氛，泥人是表达良好祝愿和对美好生活向往的东西。手捏戏文形式多样：有单件的、两个档的、三个档的四五寸高的小戏文，也有成组成群的大型戏文；有尺头戏、大文座、武文座，还有四脚子的坐骑。除了戏剧的内容之外，也有神佛像和表达吉祥寓意的题材。按当时的习俗，结婚一般送“张仙送子”、“和合二仙”、“三戏白牡丹”；“竖寿器”（做棺材）一般送“福如东海、寿比南山”、“不倒寿星”、“不倒王母”；祝寿时送“麻姑献寿”、“老寿星”；造房子送“三星高照”；过年送“五路财神”；开店送“渔翁得利”、“和气生财”；立春时人们都要买一头五色春牛，回去讨个吉利，俗话说：“摸摸春牛头，一年到头不用愁，摸摸春牛脚，生活过得着。”老艺人常说：“戏文要有趣，百看才不腻；出口要吉利，才能讨人喜。”这是手捏戏文深受群众喜爱的原因。

无锡庙会多哦。我们这里的庙会和香会都很隆重。我们城隍庙有八个老爷，七个老爷出来，一个老爷不出来，惠山那个老爷不出堂的，坐那里不动的。另外七个老爷来朝拜这个大老爷。后来我就去问龚炳锡师傅，龚师傅是把门的，我问他：这个大老爷到底是什么官衔？他说等于现在的人武部部长，他是管这个地方的太平的。我为了搞清楚，就像小孩一样地听老人讲，也蛮有意思的。我们这里有五忠臣，是对无锡市有功劳的，也在我们惠山。无锡庙宇多，祠堂多，茶馆多，戏院多，是道教、佛教、儒教三教合一的文化中心。惠山本身就是个庙宇，是个好地方啊！等会我陪你们转一圈，给你们介绍一下，我和王南仙为了搞清泥人的历史，曾经跑了整整一年呢！

王连海：这个很重要。就是这个文化背景，养育了泥人。

喻湘涟：过去，每个祠堂都有一个看守祠堂的人，都是做泥人的。我们无锡地图上有108个祠堂。看守祠堂的人，大多数都会做泥人。我和王南仙调查了一年多，搞了个祠堂的地图，我们一个一个祠堂去对过。她（王南仙）公公龚炳锡带着我们去的，她（王南仙）公公96岁，还健在，是当地的活档案。这里是谁家、那里是谁家，他都记得很清楚，背得很熟很熟。

1999年喻湘涟、王南仙在向王南仙的公公调查惠山祠堂情况

2001年喻湘涟、王南仙在向王南仙的公公了解惠山泥人的历史

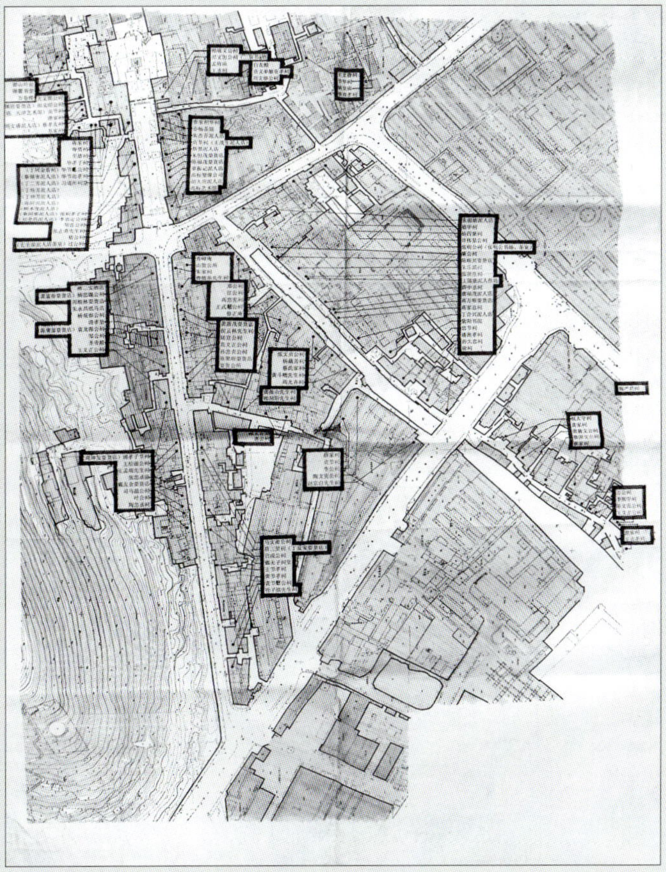

喻湘涟用城建图纸绘制的祠堂分布图

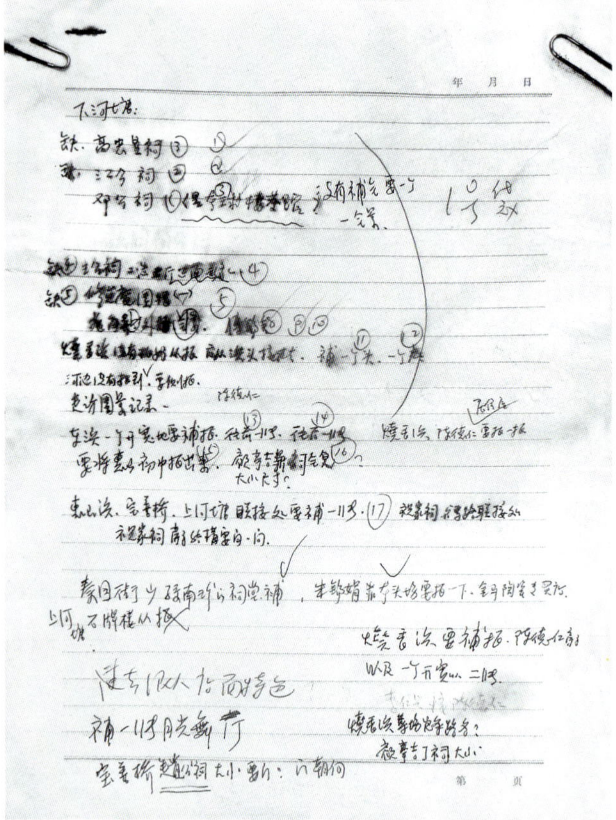

喻湘涟所做祠堂调查笔记

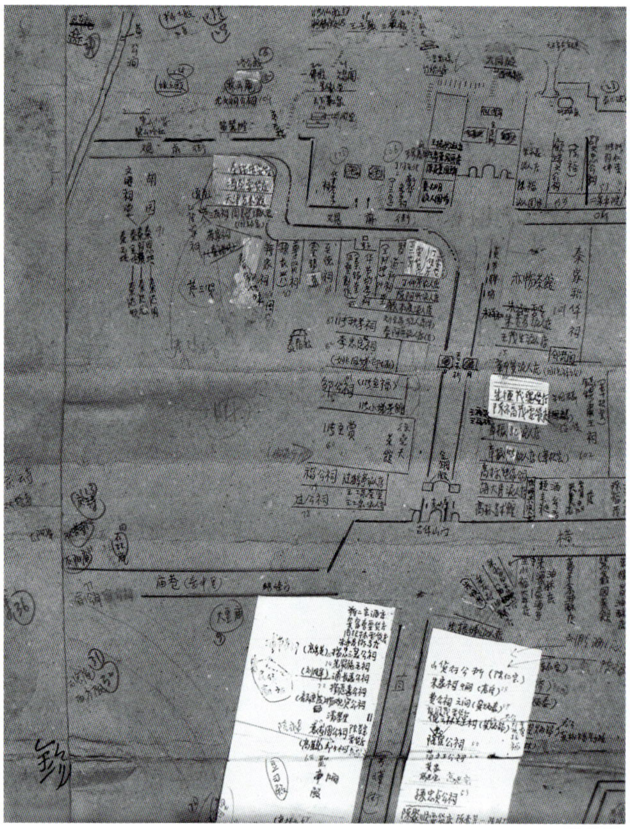

喻湘涟和王南仙绘制的祠堂分布图

王连海：看守祠堂的多数都会做泥人？

喻湘涟：对。有的是搞创作、设计；有的是复制、生产；有的就是买个样子，做个模子，自己去搞。但是这里有个翻版问题，也要打官司的。我们研究祠堂，就是为了研究泥人。为什么无锡做泥人那么多，几十户？为什么那么多朝代下来，惠山泥人能流传几百年？与它的销路有直接关系的。无锡在长江下游，土地肥沃，是鱼米之乡嘛，明清以来就是粮食、布匹的集散地。惠山是江南名胜，风景优美，龙头河灯船多得很，是米商布商的游乐胜地，这是其一。其二，按锡城旧俗，惠山香会多，农历一、三、五、七、八月份有香会（地方志有记载），尤其是三月半连续三天和二十八那天，盛行迎神赛会，那时候上千的香客到惠山庙堂进香，出会仪仗之盛，令人咋

龙头河，左侧为下河塘，右侧为上河塘

舌哦！观会群众倾城而出，万人空巷。最后一次庙会时的情景至今我还记忆犹新，有的高举着“万民伞”，有的抬着各种戏文（指泥人戏出），神话人物，吹拉弹唱，应有尽有。其三呢，就是祠堂多。惠山各式各样祠堂众多，春秋两祭（清明和七月半）也吸引了大批男女老幼到惠山游山观景。其四，城乡节场多，每逢四时八节，都是赶节场。这些给惠山泥人行业带来了得天独厚的生存条件。做泥人的卖泥人，靠这些客源维持生计。还有惠山泥人粗货的销路是靠江北（苏北）那些小商小贩。一过八月半，他们摇着茅茅船（蓬蓬船），带着米呀、棉花、花生、大豆这些来无锡，以货换货，再把泥人沿着运河销到各地，到第二年春耕前才返回苏北。

龙头河的龙嘴，旧时，二泉的水由此进入龙头河

上河塘路牌

再一个嘛，就是祭祠堂的人多，上半年清明节前后，大家都过来，下半年的七月份再来。这里的祠堂是百家姓啊，什么祠堂都有，王家的，蒋家的，其他姓的，什么姓的都有，108家，百家姓也差不多有了。古代人倪瓒，也是我们这里的。我们这里就是人杰地灵的地方。山也好，水也好，地方也好。惠山是有着多种传统文化的地方。

我们这里养蚕的也很多，我妈就是搞这个的。我们家原来又种地又养蚕，还做泥人。我们家里养蚕的匾就有那么大。农闲的时候就做泥人，农忙的时候就做农活。养蚕，春秋两季都有。有养在树上的，我们这一带是养在家里的。

为什么我们做蚕猫呢？老鼠吃蚕宝宝，猫会吃老鼠，所以卖蚕猫的生意特别好。猫不是随便做的，是用来镇鼠的。比方说，马上要养蚕了，就要把房间打扫干净、消毒，把东西都洗得干干净净的，上哪个房间都要光着脚进去，收拾得差不多了，就去买四个蚕猫（一种猫题材的年画），还有春牛（年画中的一种春牛图），为什么是五色春牛呢？周易八卦里面不是有五个颜色吗？所以这五色都画在画上，很好看的，很有装饰效果。耕地了，大家都买个春牛回去供在家里，希望自己种的水稻能够丰收。过去，买泥人的商人从江南的运河一带回去就把泥人带回去，第二年再来。我们一般夏天不画泥人，主要是印坯。到八月十五以后，就起忙了，开始为春节做准备了。从这以后节日就多起来了，七月半是鬼节、七月三十是地藏菩萨生日，要烧地藏香，那个时候忙得很。八月十五团圆节。我们这里就是过兔节和团圆节。一年12个月嘛，都有花样，都有这样那样的说法。

粗货《蚕猫》

《春牛》（晚清）

二、惠山的水、牌坊和祠堂

时　　间：2006 年 7 月 25 日下午
地　　点：锡惠公园、惠山寺
口 述 人：喻湘涟、蒋　傑（喻湘涟的小舅舅）
采 访 人：王连海、更　生、林　芳、周　佳
录音整理：林　芳、周　佳

龙头河的尽头

惠山金莲桥

旧日的水井

喻湘涟：寄畅园（锡惠公园内）有个祠堂，寄畅园池塘里的水流到龙头河那里去了，它是一年四季不断的，和云南丽江、桂林漓江的水一模一样。那个水都是惠山山里的地下水。山里的水先流到天下第二泉，从天下第二泉就绕到香花桥，从地下到寄畅园的水池，再从地下流到龙头河，这是一条水线。还有一条水线是黄公涧的水流到直街各个祠堂，然后流到这里来，穿过好多祠堂，几乎每一个祠堂里面都有小溪、小桥。它的外形像关公手中的一把刀，所以叫“关刀河”。关刀河是常年不停的一条小溪，很像关老爷的刀柄，然后到这里呢，它就放大，像一把青龙偃月刀。现在水都没有了，是被两次破坏性的建设搞掉了：第一次是“备战备荒为人民”，深挖洞、广积粮运动，把这个地脉破坏掉了；第二次是搞那个森林公园，养鸟，打地桩，把桩都打到地下去，怕鸟飞掉，把网要弄到天上去，结果一条水脉就完蛋了，第二天就没水了。天下第二泉的水断掉了，真可惜了！

以前的话，那个水好喝哦，甜甜的。我们这里龙头河的水可清亮了，你在岸上看得见那个河底，我光了脚去摸螺蛳，摸虾，能抓得到，还有水草流动。那个河不

允许破坏的，都是洗菜淘米的。洗衣服呢，是每个祠堂另外有个行沟，就是小的水池，不是那么大的，很深，可以洗衣服和别的东西，但是用水是这里的，要喝水去二泉挑。所以你看那个栏杆，有人的脚印，老踩老踩，踩下去的地方成了一个弧形。踩了多少年下来，就自然成了个洼。我为什么知道得这么清楚，因为我退休后调查了一年。所以后来听说要恢复那个沟，我说不可能，那个潺潺流水你搞得起来吗?

1958年那个直街拆掉了。如果直街不拆掉，现在就有价值了。每个祠堂不是有大门么？当时就把那个朝前一间都撤掉，左右两边朝前的也都撤掉，把墙门、牌匾、牌坊都拆掉，马路就变宽了。

下河塘没有拆，上河塘拆掉了。如果上河塘不拆的话，那就不得了，完全可以跟云南丽江媲美。下河塘那个王公祠没破坏，后来泥人研究所就设在那里头。

惠山各种石牌楼，至少也有几十个。那个龙头河那里搁一个大牌楼，那个牌楼是惠山最大的牌楼，上面写着“人杰地灵”。山门里有一个牌楼，就是做好事的招牌。我们直街口那儿，也有一个牌楼，当时有个死掉丈夫的女人守节，官府就给她立了一个“贞节牌坊”。宝善桥下还有一个牌坊，写的是“乐善好施”。

山门里也有好几个牌楼。后来要恢复古迹，我向有关部门提了个建议，我说东西你已经撤掉，再重做呢，又没有什么价值。你还不如修修补补，把每一个祠堂前面弄一个统一的标牌，什么祠堂，多少米长，多少米宽，哪一年建造的，是什么人的祠堂。把100多个祠堂和牌楼都排好看看，再在他们中间造个标牌放在那里，就够味道了。不用那么多，造3个、4个牌楼也就够了，他们不听。

原来的都有牌楼的，现在没了。真是一面建设、一面破坏，甚至是一边保护、一边搞破坏。王南仙外婆看守的那个祠堂，保护得蛮好的，就是前罩拆掉了，中间有个广场，后面还有好多房子，那前罩加一点起来不就得了吗？不加也可以，就弄个标记，写上谁家的。上面都写好名字，这个祠堂是由某某人看守的，做个标记，做个说明就行了嘛。现在把它拆掉，搞得居民住宅不像居民住宅，祠堂不像祠堂，商店不像商店，盖得乱七八糟的。还有现在山门口那个祠堂，钱钟书那个家庭祠堂，蛮好的祠堂，拆了，明代的一些东西，现在能搞起来吗？我们当年那个训练班，就是我们在里面上雕塑课的地方，很好很完整的一个地方，也给拆掉了。新盖起来的祠堂，一点气派也没有了。以前的气派好大，高高的牌匾，字是红的，红色上加金，有的是蓝的，蓝色上加金，多好看啊！很高很

至今保存完好的张中丞庙

威武，那些小孩子进去都害怕。现在祠堂没有了，寄畅园给弄得四不像，小间变大，不知哪个捣蛋鬼看了电视，给弄了个景观园。其实，最早寄畅园的主人是在官场失意以后回来隐居的，在自家盖个小院子，自我陶醉，所以园子小小的，房子盖得也小小的。现在新盖的房子超过原来的比例，盖得老大老大，寄畅园那个水池就显得小了，没有拐弯的感觉，没有延伸的感觉了。管事的不懂艺术怎么办呢？拿他没办法。

旧日王家祠堂，今日泥人博物馆

（一行人来到龙头河。）

喻湘涟：这条河就是龙头河，两边就是上下河塘。我们家就在上河塘。那个房子都变掉了，原来是矮矮的房子，现在盖楼房了。

这全是旧房子，民国初期就是这样子，小时候我们家开始也是这种房子。那时候大家不懂得保护，要懂得保护就不会破坏得这么厉害了。

以前啊，来了船，蓬蓬船也好，花船也好，就从宝善桥过来，去烧香浜那里边，去那里边的都是有身份的人，一般没有身份的人不能去。人们到这里就上岸了，然后就去那边拜佛。如果这里有自家祠堂的话，就往自己家祠去祭祖先了。

王连海：这里有码头吗？

喻湘涟：有，这里都是，这里连拴船的石桩都有。不旱天的时候，那个水就哗啦哗啦流。现在不流水了，它暗中走掉了。不然的话，这个季节嘛，那个水就哗啦哗啦地流，很容易就能听到山泉水的声音。这

喻湘涟带领采访人考察龙头河

里不让汽车走，被保留下来了。

这里每个祠堂都很大！三进深、四开间那样大的。你想，整个惠山地区全是祠堂。你记住，一个码头前面就是一个祠堂。这儿有三个祠堂，以前部队进驻了。王锡康师傅原来住的地方，像电影中祥林嫂东家的祠堂。备弄，是备用的弄堂，一般是三间一备弄、四间一备弄，是下人出入的通道。主人或客人在场的时候，下人要走备弄，从旁边的通道走。这个祠堂是四个进院，一个院子到这里是一间，到这里又是一间，形成两个天井，再往里走又是一间，最后是一个园子。那么深，夏天乘凉都在这里，很通风的。这里也有花园，战争年代，祠堂的后面是藏身的地方，吃的、住的都有，可以藏身的，躲在里面，外人找不到。一层一层多深呀，后面是花园，有桂花树呀，腊梅呀，花竹呀，什么都有。

王连海：当年，管理祠堂的经费从哪里来呢？

喻湘涟：有一个祠堂组织，每年给看祠堂的人大约是大米三石六斗，合360斤。生活不好、条件差的人家，就上山砍柴、砍草，或者做一点泥人。对面是杨家祠堂，杨家祠堂在国民党的时候是惠山政府驻地，是那种三间门面的祠堂。牌坊和祠堂的事儿我给你先说这些，其实还有好多故事呢！

倪仁金看守过的祠堂旧址

旧日祠堂遗址，今改建为民房

旧日祠堂的门房，今为泥人销售部

华孝子祠大门

华孝子祠前的古亭

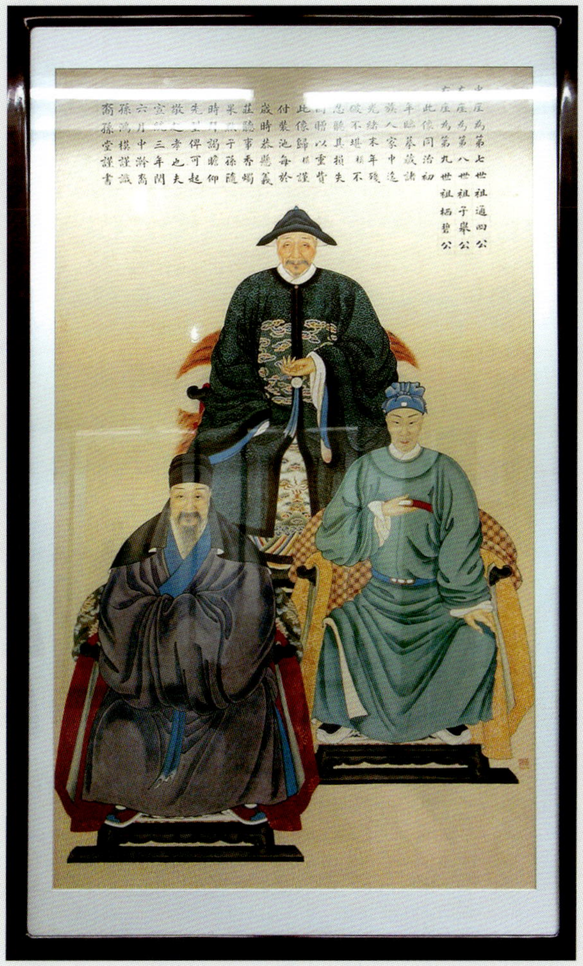
家祠画像（宣统三年复制）

惠山直街一角

三、惠山泥人的历史传承

时　　间：7月25日傍晚
地　　点：位于下河塘的蒋傑家
口 述 人：喻湘涟、蒋傑（喻湘涟的小舅舅）
采 访 人：王连海、更　生、林　芳、周　佳
录音整理：林　芳、周　佳

喻湘涟：惠山泥人相传是始于明代，到了清代中期已经比较成熟。手捏戏文和戏曲艺术的流传发展有十分密切的联系。现在留存下来的最早的作品像著名艺人丁阿金捏的《挑帘裁衣》、《教歌》、《搜山打车》，陈桂荣捏的《跪门》、《痴梦》，周阿生捏的《小宴》，这些都是当时流传在江南戏曲舞台上的昆曲题材。随着京剧的发展，艺人就由捏昆腔戏文逐渐改捏京剧戏文了。提起京剧泥人，我就会想起著名老艺人蒋子贤、陈毓秀、章根宝、张阿仁这几位前辈。其中蒋子贤、陈毓秀二位成就最突出，留下的作品也比较多，他们做的《贵妃醉酒》、《霸王别姬》都曾风靡一时。

根据我知道的情况，惠山泥人是这样产生的：最早，大约在明代吧，有人偶然做一点泥人玩具，留着自己玩的。惠山的泥很适合做泥玩具。自己做泥人本不是为了卖，结果，有的游客看到了说好。大家看到有商机，就开始做泥人来卖，泥人成为了商品，就逐渐发展起来了。

无锡惠山泥人，分粗泥货和细泥货两大类。历史上这种粗泥货生产最多（用模子复制生产），销路最广，粗泥货的出现早于细泥货，有浓郁的乡土气息。我外祖父继承了这门最纯粹最古老的艺术，他可是近代制作粗泥货的佼佼者，一生大半辈子从事粗泥货的创作、设计、生产，积累了不少经验。

小板戏制品

惠山泥人行业兴旺期是在清代同治、光绪年间（1862–1907年），当时手捏戏文品种最多，有大型作品《蟠桃会》，有各种京昆戏文，有反映现实生活的，反映神话故事的，还有佛像、瑞兽，各式各样的作品都有。单个挡，双个挡，三个挡，大、中型群捏泥人一应俱全，而且水平很高。人才也很集中，有不少高手名人，像冯阿如、胡锦泰、周坤发（周阿生之父）、朱观林、张阿福、韩根培、丁兰亭、周阿生、杜金福、蒋三元、丁阿金、周金宝、陈杏芳、陈桂荣、王细阿盘、胡大房。其中周阿生和丁阿金这两位艺人最突出了。惠山有句谚语“要佛像寻阿生，要戏文找阿金”，说的就是这两位。

《小尼姑下山》（清末）

《平贵别窑》（喻湘涟、王南仙）

《长坂坡》（喻湘涟、王南仙）

惠山泥人中还有一种“小板戏”，每个小泥人下面都有一个小泥板，因此而得名。题材都是戏剧人物、神话人物、历史人物，披甲带靠，有神采又生动。小板戏的做工比手捏戏文简单，造型也比较单纯，但是艺术性很高，概括性、装饰性都很强。这种小板戏，到底产生于什么时候，目前还没有定论。有的说，小板戏是在手捏戏文以后出现的，是手捏戏文的概括，是手捏戏文的“简装版”。也有人说，小板戏早于手捏戏文，是粗货中的精品，手捏戏文是在小板戏基础上发展过来的。目前，我也说不清楚。但是有一点可以肯定，小板戏是惠山泥人的代表，一点都不过分。张道一老师说：“你们惠山泥人中艺术成就最高的是小板戏。”我也赞成这种意见。但是，今天小板戏已经很难见到了。

做泥人，说实在的是个苦行当，被叫做 “泥叫花子”。当地的农民利用农闲做几件泥耍货兜售，换点油盐钱。还有那些看管祠堂、庙宇、坟堂屋的穷人，都兼做些泥人，补贴生活。这种泥耍货属雕虫小技，不能登大雅之堂，价格都很便宜，专业户很少，传说只有三家半，到后来慢慢形成一个生产泥人的基地。不管怎么说，年景好，生意兴隆，日子就过得好些，能解决温饱问题。年景差，生活就成问题。碰到兵荒马乱的年月，日子更艰辛了。做泥人的人家过的都是社会最底层的生活。平常年能解决温饱的人家不多，

《对阿福》（高标）

《和气阿福》（喻湘涟、王南仙）

《团阿福》之一（喻湘涟、王南仙）

《团阿福》之二（喻湘涟、王南仙）

大多数总是愁长愁短。惠山有句老话："活人对着死人（指泥人）面，生活只能度眼前"，"吃勿饱，饿不死"。要说到这些艺人的欢乐，那只有在传统的节日里，他们才能暂时忘记自己的苦楚。他们的生活可以说是苦中作乐吧。建国前做泥人的人家更艰苦。当时有一首顺口溜：

淡季里没有生意，饿得要死；
有了生意买不到原料，愁得要死；
旺季里生活，做得要死；
卖出后讨债收款，跑得要死；
没有生意只做临时工，气得要死；
拿到钞票后，物价飞涨，急得要死。

你们看艺人们的生活处境是何等艰苦！

彩绘对无锡戏文来说，具有特别重要的地位，俗称"三分坯子七分画"嘛，意思是说，彩绘不仅是捏塑的有机组成部分，而且还可以弥补坯子上的某些缺陷。如果让高手彩绘，常常让整套戏文光彩夺目，因此，惠山艺人对彩绘都高度重视。

王南仙：惠山彩塑泥人是捏和绘的紧密结合，在彩和绘的结合上也是有优良传统的。可以说以形为基

粗货《阿福》

础，以彩为效果，相得益彰。过去，每逢庙会，每家每户都有各种各样的泥人上市，年年创新，真是五花八门、应有尽有。

传统泥人一般分为粗货和细货两大类。惠山早期的粗货作品，主要是儿童玩具，有小花猫、车老虎、车状元、桶里小妹妹、春牛、小花囡、大阿福等等。这些粗货的彩绘风格总是满色。单纯、鲜艳，用色泼辣、大胆，讲究强烈的对比效果。颜色基本上都用原色，还用牛胶、透明色。一般的粗货小泥人，只用四五块强烈的对比色彩，比如：白、大红、大绿、藤黄、黑。大家熟悉的大阿福、小花囡人称艳而不俗、雅俗共赏。它们的用色技巧独特，形在神也在。

细货是指手捏戏文和京剧脸谱这一类作品，手捏戏文的题材一般取自昆曲、京剧，用色有别于粗货，色彩比较讲究。昆曲题材的作品的色调文静柔和，例如丁阿金、周阿生、陈桂荣、陈杏芳这些人的作品中的《教歌》、《挑帘裁衣》、《凤仪亭》、《磨坊产子》、《跪门》、《南天门》、《痴梦》、《三娘教子》、《南浦》、《桑园会》，大多数色彩单纯，只有云青、天青、黑这几种色彩，显得稳重沉着、古朴典雅。蒋子贤、陈毓绣的《贵妃醉酒》、《霸王别姬》、《穆桂英》、《长坂坡》、《刘关张》、《打金枝》这些作品，色彩就比较丰富浓重了。

《小花囡》之一（喻湘涟、王南仙）

《小花园》之二（喻湘涟、王南仙）

手捏戏文《凤仪亭》（周阿生、陈杏芳）

《教歌》（丁阿金）

《二进宫》（蒋子贤、陈毓秀）

《苏州娘姨》之一（清末）

《苏州娘姨》之二（清光绪）

《珍珠塔》（陈阿兴）

《女说书》（王锡康）

《大阿福》

粗货堆子

惠山泥人中的京剧脸谱是吸收了京剧脸谱特点的，在这个基础上又进行了再创作，人物性格刻画得很鲜活。描绘花脸笔画清晰、色块明显，不用说，人们就知道这个是谁，红脸是关公，黑脸是包公。一般正面人物的花脸色块对称，色彩鲜明强烈。

周阿生的《蟠桃会》，人物捏得端庄、安详、色彩浓艳，很悦目的，装饰性也很强。丁阿金捏的昆曲戏文，色彩朴素，装饰简约，用纸条、碎布片在泥人上剪贴。

前人留下的这些珍品，现在是非常珍贵的文化遗产了。我们借鉴这些传统的技艺，毫无疑义，能使作品带有鲜明的传统特征和强烈的民族特色。时代在进步，我们还要努力提高技艺水平，琢磨怎样推陈出新，只有不断创新才能使我们的民间工艺表现出时代的精神，你们说对吧？

蒋傑（喻湘涟的舅舅，退休干部）：惠山泥人有两种，一是粗货，一是细货。我父亲是搞粗货的，叫“猫王”。靠这个生活嘛。其他呢，像观音、济公也捏。我父亲捏的《济公啃狗肉》那件作品好得很。后来的《鱼米丰收》，造型是一个老汉背一条大鱼。还有一件叫《乘风破浪》的。喻湘涟为什么不在我父亲这里学呢，因为我父亲是搞粗货的。蒋子贤是搞细货的。我父亲让她跟蒋子贤学，我父亲他是有远见的。惠山对做戏文的有一个评价，有一个说法：先要看懂《三国演义》、《水浒传》。做戏文，必须先看戏，先看古典文学，精通《三国演义》、《水浒传》，精通古典文学，然后才能做戏文。做戏文的人能听戏、看戏，手上也能做戏。戏文是综合性的创作。

我的祖先是帮工的，在惠山寺是做打香蜡烛的。惠山的祠堂不是庙，佛道儒三教，惠山寺最早。以前的万卷楼，就是老板们谈生意吃茶的地方，也是文人墨客作诗聚集的地方。惠山有九楼十三田，七楼八角，王南仙外婆家看守的秦家祠堂、寄畅园那个祠堂有一个七楼八角的说法，名堂蛮多的，现在都破坏掉了。假如以前的东西都留下来，可以申报文化遗产的，可惜都坏掉了，恢复起来很困难的，只凭我们的嘴讲，没有用的。

王连海：听说以前惠山泥人中有“春宫”题材，是吗？

蒋傑：有，很多。

喻湘涟：“春宫”很多，做在火柴盒里，有床，两个人。价很贵。一般人不搞“春宫”，为什么呢？因为认为那是缺德的，不能搞。祖上没有积德的人才弄。丁家搞过，后来眼睛瞎掉了，大家说，这是报应，缺德！

蒋傑：还有一种是把胡桃挖空以后，放在里面的，卖得很贵。

要把这个惠山泥人艺术传下去，不容易呀！没有接班人呀，没人学，小青年哪里吃得了这个苦呀！要有20年硬工夫才行。现在一个年纪轻的，让他搞泥巴，哪个愿意？一块泥巴打到比面粉还要细，干起来不容易的。以前的技术是被生活逼出来的，要求生存，就得这样，我父亲就是这个样子，所以后来到泥人厂去了以后，他创作的东西就有市场，生意好。十二生肖他都能做，一做，日本人就订货。以前泥人厂做日本人的生意比较多。惠山泥人有几个过程，刚解放的时候做石膏的、平面的，以后平面的不行了，再回过来做泥人。要讲惠山泥人的历史，非常曲折。

王连海：惠山泥人现在有两种风格，一是本土的惠山泥人，一是现代雕塑的风格。这是全国各地没有的现象。各地泥人产区的地域风格是相对稳定的，惠山的雕塑是建国以后形成的，是专业学院毕业生带来的。在历史上有没有外来的人员进入惠山？

蒋傑：没有，以前没有。惠山以前有个同业协会，叫要货公所，管得很严。抗战以后就乱了。解放初期，我在这里工作，当时分配来了大学生，市委的杨艺生，带几个人到惠山镇，我们当时协助他们工作。柳家奎、王木东……他们都是市里面派下来的，来整顿惠山泥人的。一共来了5个。那时候，我还很年轻，不大懂，反正你来了，我就接待。他们搞了个惠山宗教音乐。惠山道教、佛教那吹吹打打的东西蛮多的嘛，他们来了，把它们全部集中起来，搞音乐研究。挖出一个瞎子阿炳[1]，他们先把阿炳的音乐调查完，再回过头来调查惠山泥人。这个我记得清清楚楚的。

本章小结

口述人追忆叙述的内容，体现了惠山泥人曲折艰难的发展历程。明代晚期诞生的惠山泥人，最初由看守祠堂的仆人作为生计的补充而存在，以儿童玩具即耍货为主，逐渐发展为地方风物。清初，钱、蒋、朱、袁四姓人家创建了专业作坊，奠定了惠山泥人的基础。如今旧日的祠堂遗迹依稀可见，口述人对祠堂遗址倍加珍视，希冀恢复祠堂往日的旧貌，保护好这些泥人诞生的摇篮。

清代乾隆、嘉庆时期出现的手捏戏文，在同治、光绪年间达到鼎盛，此后逐渐衰落，民国年间专业作坊纷纷倒闭，惠山泥人进入低谷。20世纪50年代，在中华人民共和国政府的领导下，惠山泥人再度崛起，出现了符合当代审美意识的新作品，惠山泥人在吸收多元化艺术元素的道路上进行了大胆的尝试。如今，随着当代风俗的巨变，惠山泥人的传统品种正在消亡，泥人产业正在萎缩。惠山泥人已经列入了国家非物质文化遗产保护项目，此举更证明了亟待保护的严重性。口述人在抚今追昔的过程中充满了喜忧参半的感慨。

注释

[1] 关于阿炳音乐的调查需要说明的是，中国艺术研究院研究员杨荫柳先生在1950年深入无锡民间调查时，发现了民间音乐家阿炳的音乐，前后录制了七首，清晰者六首，包括著名的《二泉映月》在内。

第二章

喻湘涟与王南仙的手捏戏文生涯

本章综述

喻湘涟与王南仙是当今惠山泥人大师中最有代表性的彩塑艺术家，她们都是惠山彩塑艺术杰出的传承人，她们都是50年来从未离开惠山泥人艺术的坚守者，她们从未中断彩塑生涯。她们在50年的艺术实践中，不断勤奋学习，探索惠山泥人的真谛，学习前辈的优良传统，逐步加深了对惠山泥人艺术的理解，提高了评判水平。她们在创作中坚持维护惠山泥人的基本特色，为惠山泥人的传承作出了重大贡献。

一、一对40年的搭档

时　　间：2006年7月22日上午
地　　点：喻湘涟的工作室
口 述 人：喻湘涟
采 访 人：王连海、更　生、林　芳、周　佳
录音整理：林　芳

喻湘涟：我的搭档是王南仙，我的师傅是蒋子贤，王南仙的师傅是倪仁金。当年，我们手捏组的所有的东西，都交给彩绘组来画。王南仙是彩绘组的组长，她有小组长的气度，人家不愿意画的她画，王南仙的风格是很高的。我们正儿八经搭档是从我下放调上来之后，当时要成立泥人博物馆，需要一个小组，我们两个就分在一起了，从那以后，她就变成我的好搭档。我和王南仙配合，我省劲很多。

更生：好像你们搭档不是很固定的，美术馆收藏你们的作品里面有些就不是王老师画的。当时我们收的作品，哪个是谁画的，哪个是谁捏的，都写得很清楚。您捏的作品，有的就不是王南仙画的，所以我觉得那时候，你们这对搭档好像不是固定的。

《七品芝麻官》中的唐成（喻湘涟、王南仙）

《三盗九龙杯》中的杨香武（喻湘涟、王南仙）

喻湘涟：以前是没有固定的，后来固定下来了，从1986年到现在也有20年了。我们的作品署名就这样写："捏喻湘涟，画王南仙"。我拿了稿费呢，也给她。她就说，跟你搭档最好，不欺负人，都一半一半。我的意思就是大家共有，十块钱，一人五块钱。那个时候就简单得不得了，大家都不晓得吃亏的。但是我也占便宜了，她帮我画啊，王南仙画小丑画得好呢！

王连海：有的小丑挺可爱的，有的丑一看就挺坏的。

喻湘涟：这里面有正面人物，有反面人物，有笨蛋。

王连海：（指墙上照片中的一个小丑）那个是吃货，能看出性格来。

喻湘涟：你知道吗，王南仙老师不得了啊！她很聪明的，脑瓜子好，我不如她。她有时候来一个灵感，马上就能捉到。我就夸她"你比我聪明"，她说"哪儿啊"，我说"你真比我聪明，但是你比我懒"，哈哈哈……我呢，是以捏坯为主，王南仙是以上彩为主。

王连海：有20年了。

喻湘涟：因为她比较认真，也比较聪明，在这个圈子里，她曾经担任过彩绘设计组的组长，细活要设计，粗活也要设计。王老师画细的东西，画得很不错。以前有些我捏的作品她来不及画，就得找别人画，我也没办法。但是那些重要的地方，像开脸[1]啊，画个花纹啊，就必须由她来画。

王连海：你也能画吗？

喻湘涟：我也能画。但是我开相不好，以前的蚕猫都是我自己画的，可是开相开不好。

王连海：现在外界看，你们两个就是一个人。

喻湘涟：对，外界看就是一个人。

王连海：现在从外界看，无锡手捏戏文的代表人物就是喻湘涟、王南仙了。

喻湘涟：对，两个人。

更生：你比王老师大几岁？

喻湘涟：大一岁半。她是独女，我也是独女。王南仙

上世纪60年代喻湘涟和王南仙与胡志明合影

是彩绘组的组长，她每天都画。有时间她帮我画，没时间我请别人画。但是基本上完成彩绘是没问题的，我们都是20世纪50年代的人，从广义上说，已经相依联手40年了。

我们走到这一步（指被授予“中国工艺美术大师”一事），主要就是不论什么事情我们都喜欢搞清楚，钻研透了。其他好多人，包括过去的我，倒退15年，搞不清什么是惠山泥人，什么是天津泥人。包括我们的老师，也搞不清楚。现在我总算搞清楚了，这几年跟台湾的《汉声》杂志打交道，跟张道一（南京艺术学院的教授）打交道，还有跟你们这些学者一起，我们就搞清楚了什么叫惠山泥人，什么叫天津泥人，我可以说明白，现在心里踏实了。

王连海：现在传统的惠山泥人，尤其是手捏戏文，就只有你和王南仙会做了，其他人做的都不是很典型了。

喻湘涟：我为什么和王老师两个人会那么好呢？因为我们两个人就是高坯高画。就像台湾《汉声》杂志黄永松讲的，捏也捏得好，画也画得好，配合得很好。所以他就说我们“孟不离焦，焦不离孟”[2]。打个比方说，柳家奎的坯子你给王南仙画，画的就是顶呱呱的，反过来柳家奎的坯子换一个人画，就成问题了。

1986年，喻湘涟和王南仙在泥人博物馆筹备处修复历史作品

喻湘涟、王南仙20世纪80年代在南京玄武湖留影

喻湘涟和王南仙在研究创作中遇到的问题

2004 年，喻湘涟和王南仙为泥人装銮

2006 年，喻湘涟和王南仙在台湾表演泥塑技艺

2006 年，喻湘涟和王南仙在台湾办展留影

喻湘涟和王南仙在无锡工作室工作

喻湘涟和王南仙整理祠堂照片

喻湘涟和王南仙为观众表演泥塑技艺

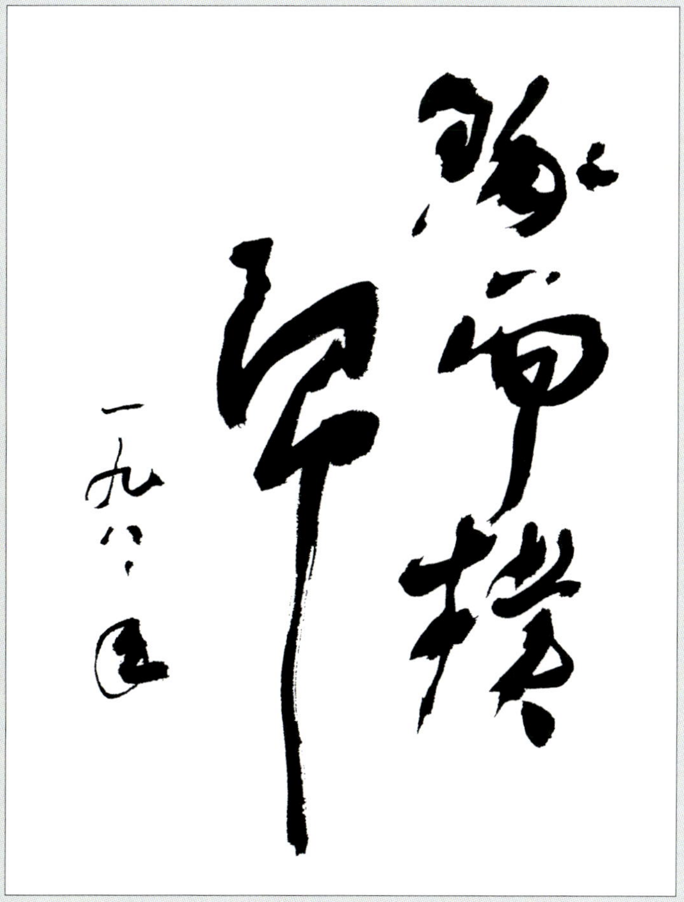

著名戏剧家阿甲为喻湘涟、王南仙题字“琢而朴”

二、喻湘涟的家族史

时　　间：2006年7月22日上午
地　　点：喻湘涟的工作室
口 述 人：喻湘涟
采 访 人：王连海、更　生、林　芳、周　佳
录音整理：林　芳

喻湘涟：我爸是浙江黄岩人。我妈是无锡人，是做泥人的，我的传承是“母系传承”。外祖父蒋金奎，字振声（1898—1977年），也生在泥人之乡惠山龙头河畔，那里有山有水。龙头河里的龙头是九龙十三泉之一，终年吐着淙淙流水。曾祖父蒋三元就在这块风水宝地上开了一个“蒋万顺泥耍货店”，自产自销，“中华民国”二十四年五月二十日出版的《无锡概览》上对此事有记载。他也是当地颇有名气的老艺人。外祖父是独子，7岁进入惠山寺千香殿“锡麓书院”私塾读书（后改为无锡第八小学），10岁开始跟我曾祖父学做泥人。由于他勤奋好学，很快就掌握了捏制泥人的基本技巧和制模技术，受到惠山泥人前辈丁鸿培的器重和喜爱，并把丁家祖传技艺授予他，还将自己心爱的女儿丁三囡许配给他，就是我的外祖母。这样，在家传技艺和名师指点下，外祖父蒋金奎的技术有了更大的进步，少年时代就能彩绘传统戏文《定军山》、《空城计》、《长坂坡》、《桃园三结义》了，他的作品还销往上海。我曾祖父蒋三元曾经在清咸丰年间（1910年）和丁鸿培泥人作坊联合经营，到上海老城隍庙开设“天顺祥泥人店”和“大世界泥人店”，也可以算是惠山泥人直接打入上海市场的先驱了。

我外祖父蒋金奎17岁时，他父亲就去世了。他一个人既要创作、经营、生产，又要照料家事，幸好丁鸿培及时把贤惠能干的女儿嫁给他，帮助他照料一切，“蒋万顺泥耍货店”才得以继续经营下去。

上个世纪20年代，由于泥细货费功，价格高，难以脱手，家庭生活难以维持，外祖母极力反对他再继续做细货，迫使他转向做出手快的泥粗货。为了扩大销路就必须做群众欢喜、讨吉利的题材内容。他根据当时民谣“摸摸春牛头，一年到头不用愁，摸摸牛脚，生活过得着”创作了各式各样的春牛。春牛的画法是半笔浑匀法，效果逼真，省工又省料。在春耕前，农民赶集到惠山买只泥春牛，祈求农事顺利，五谷丰登。春牛的销路很好。

当时，无锡丝绸业很发达，江南农村养蚕户很多，老鼠对蚕农的威胁很大，唯一办法是养猫防鼠。等到蚕季，农民都来买几只泥猫回去，放在蚕室四角，驱鼠保丰收。外祖父为了塑造生动可爱的猫，就常年

养猫，多时要养四五只不同品种、不同颜色的猫。经常观察猫的姿态，所以他创作的猫形象特别多，像蚕猫、大猫、摇头猫、活动猫、猫香缸等种类，在30年代就有“猫王”之称。他塑的泥猫，神采奕奕，质朴浑厚中含着灵气，在画法上以“点斑”和“扑笔”见长，乡土气特浓。

我6岁时父亲就过世了，7岁到的无锡，抗战结束后逃难回来的。在此之前 “蒋万顺泥耍货店”的生意还可以维持生活，品种适销对路，像《渔翁得利》、《刘海戏金蟾》都卖得不错。日寇侵入锡城之后，就不行了。当时真是民不聊生，外祖母带了一家老小逃难异乡，外祖父冒险留在家中，抗日战争结束后，1946年我和妈妈才回到外祖父身边的。

记得当时家里有两间门面店堂，还有3个学徒，橱窗里摆满上色完毕的泥人，台板上全是没有画完的泥坯。外祖父继续生产他的《蚕猫》、《春牛》，还有《小麻雀》、《渔翁得利》、《刘海戏金蟾》什么的。我8岁开始帮助外祖父做泥人，做印坯、揩坯、抚底色这些粗活。

惠山泥人行业中的竞争也是很激烈的，为了生活，为了赚钱，有些不会创作设计新品种的老师傅看谁家的品种销路好、赚钱多，就想尽一切办法偷着翻版，这是最让人头痛的事。我外祖父设计了一件《骑狮囡》，会动的。一上市，一斗米换20件，生意蛮好，赚头也大。自己只做了两台板[3]，就被偷翻了版，别人卖的价格比我家便宜，生意被抢掉了，气得我外祖父眼泪直流，伤心极了。在惠山泥人行业里这类情况经常发生，吵架，甚至动手打架，弄得人际关系十分紧张。你抄我的，我翻他的，直到30年代成立同业工会后，这个情况才有所好转，基本上能做到产品家家不一样，户户有自己的风格特色，矛盾渐渐减少了，但偶尔还会出现抄袭的情况。外祖父曾说过：“泥人除掉正常淡季之外，生意的好坏，主要抓住一

狮子

《团阿福》一组

各种《阿福》

小板戏之一

小板戏之二

点：若要泥人卖得掉，货色（泥人）要讨俏，先要合人意，出品要吉利，末事（物，这里指泥人）惹人喜，不怕没生意。”

我到无锡是1946年。我出生在湖南，我爸到无锡来当兵。当兵以后做了医生，他驻兵在惠山，当时祠堂都用来驻兵，里面住的都是国民党的部队。每个祠堂里都有他们部队的人。我爸住在蒋家祠堂，刚好在我妈家隔壁。他在团里当医生，经常要从我妈那里过，我爸经常看到我妈在那里做泥人，就看中她了。后来打仗了，我爸就带着我们一家子跑了。

惠山彩塑大师喻湘涟

怎么回事呢？原来是惠山的部队要开到前线去了。以前不是经常抓壮丁么，我有三个舅舅，我外祖父只有我妈一个女儿。因为我妈妈跟军官医生相好，我舅舅就没有抽上壮丁，就这样保护了我妈妈的三个兄弟。

到后来日本人扔炸弹，泥人业就都荒掉了，我们、大舅、二舅就全都跑到钱桥那一头。我外祖父8年的时间，就守在家里，后来他又娶了一个女人，就是我的小外婆。八年抗战期间，我爸也死掉了。那8年我们哪儿都跑过，四川啊，湖南啊。我生在湖南，长在四川，人在无锡。所以我能吃辣的，我一吃辣，这个脸就都是红红的。我到无锡来，就偷吃辣椒，人家都叫我蛮子、南蛮子。

自我6岁父亲病故后，生活就无着落了，母亲只能带着我和我妹妹回到外婆家。外婆家是靠做泥人为生的，生活过得十分清寒，不久妹妹得肺病，无钱医治死了。母亲在旺季时做泥人，淡季外出做季节工（养蚕）维持生活。我全靠外祖父抚养长大，直到1955年7月毕业于无锡市第二初级中学。当时我立志当一个米邱林[4]式的农业专家，报考苏州农业专科学校，落榜后我的美梦破灭了，待业在家，心里很不好受。和蔼可亲的外祖父看着我，对我说：“你的三个娘舅都没有继承祖业，解放了，泥人行业得到政府的重视，有保障，女老小（孩子）学这门手艺也蛮好的，在学堂里我看你的图画成绩不错，就学做烂泥嬷嬷（泥人）吧，蒋家总算有个接班人，阿好（可好）？”在外祖父的授意下，我就与惠山传统彩塑结了缘，一转眼已经50多年了。

喻湘涟：我父亲三十几岁死的。他得了肺病，虽然自己是医生，也没有保住自己的命。那年我母亲才23岁。以前有封建思想，不允许寡妇在家里，所以父亲死了以后，我妈只好带我到黄岩去。结果呢，我二舅带我们过去，一看那边情况不行，没办法生活，后来就把我和妹妹接过来，从此就在这儿生根了。我们从贵阳返回无锡时，外边的人说我外祖父的大老婆打回来了。外祖母回来以后不肯离婚，跟我睡在一起，我睡在外祖母的房间里头。我妈、我、我外祖母，还有我的妹妹，我们四个人睡一张床。这样一来，家里的开销也就大了，完全要靠泥人过活，等于是靠着我外婆外公养我们。我妈为了减轻家里负担，旺季在家做泥人，淡季出去养蚕。

我在外婆家如果表现不好，肯定要挨骂啊。我自己的外祖母不肯骂我，外公有时候也要说我的。扫地呀，家务事呀，我干得都特别好。我师傅在别人面前就说：“我那个徒弟真好，扫个地都跟人家不一样，你看她每个角落都扫干净，没有不干净的地方。”我们扫地时都是扫把要斜着拿，才能不起灰，这是有要求的。

泥人旺季一年有两个，春季和秋季。起忙了，我妈就赶快来做泥人。我六七岁干不了什么大活，上了学以后就开始帮家里干活了。烧火啊，印坯啊什么的。我打泥打不了，就揉泥，印那个坯子，一个一个地印出来。现在印坯子跟我们那时候印的不一样，我们是拍好泥皮才能印的。那时每个人都有任务定额的，大家能糊上口，就不得了了。有的住，有的吃，就很不错了。家庭作坊就是人人都会做活。我妈的粗

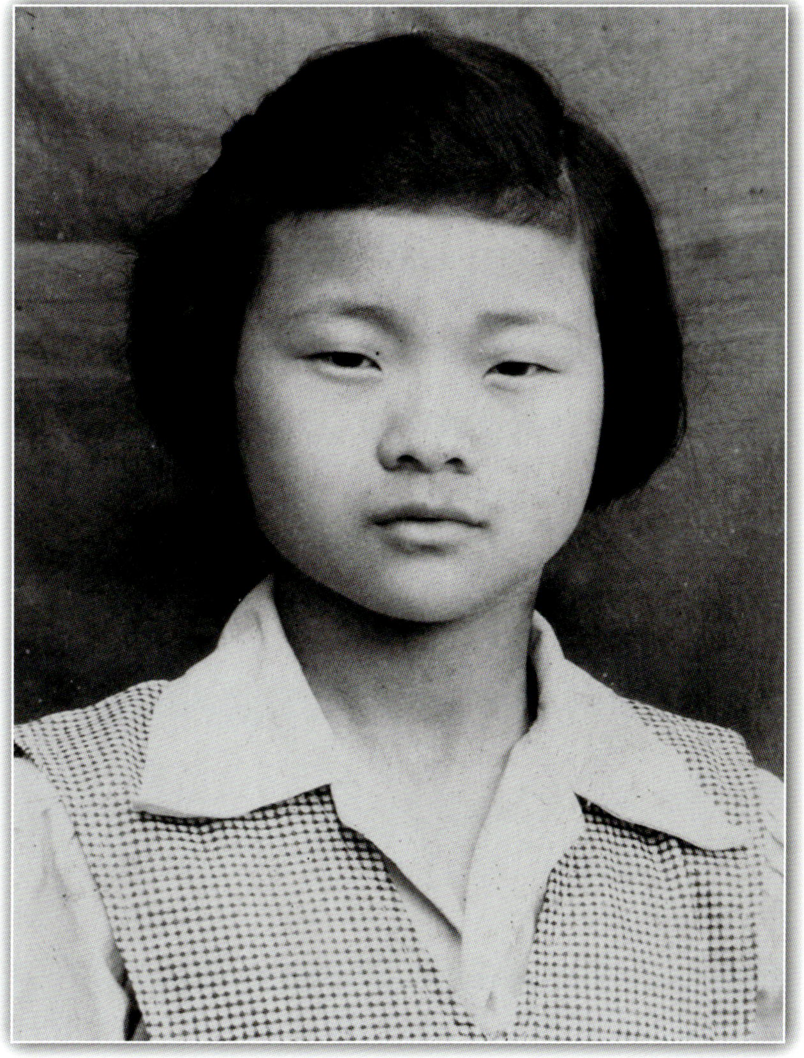

少年时代的喻湘涟

货作品，确实做得不错。

更生：所以，你不能说你妈妈不是艺人。

喻湘涟：我妈知道你们夸她，她高兴死了，哈哈。

王连海：可是您的外祖父怎么会把这个手艺传给女儿呢？

喻湘涟：没有传给女儿。外祖父传给我妈妈的只是简单的技艺，画画、印坯是会的，但是要搞创作是不会的。我曾外祖父会捏泥人，我祖父也会捏泥人，但是我妈不会捏泥人。我捏泥人的技艺一部分来自外祖父，一部分来自蒋子贤。像我们家画的泥人都是一贯到底，画猫也是一贯到底。我们家泥人分5个品种，我外婆画小麻雀，一天能画300多个呢！

王连海：印好的坯子放在露天里，不怕淋雨吗？

喻湘涟：不怕，坯子都放在祠堂里，太阳晒不着，雨淋不着。我们家是种田的，没有祠堂。我们家隔壁是蒋家的祠堂，我们就把泥人胚子放在那里。我的外祖父家开了一个小店，他是一面做泥人一面卖。我们家是三开间的房子，祖上传下来的，是曾祖父传下来的，两面是橱柜，样品放在里面，作品放在下面，连画带卖都在里面的。中间有一个空间是学生住，是干活的工作台；一个空间住的是我的外祖父；我妈跟我自己的外婆住在另一边。

我外婆也做泥人。我外婆的父亲是丁阿金的嫡亲兄弟。我师傅蒋子贤有三个师傅，一个师傅是我曾外祖父蒋三元；第二个师傅叫杜金福；第三个呢，就是丁阿金，是他干爹爹。他又是周阿生的孙女婿。为什么蒋子贤的作品那么好呢？好多人的东西都在他脑子里呢！后来我研究出来，我的师傅蒋子贤是神似丁阿金的，他是丁阿金的味道多些，周阿生的味道少些。

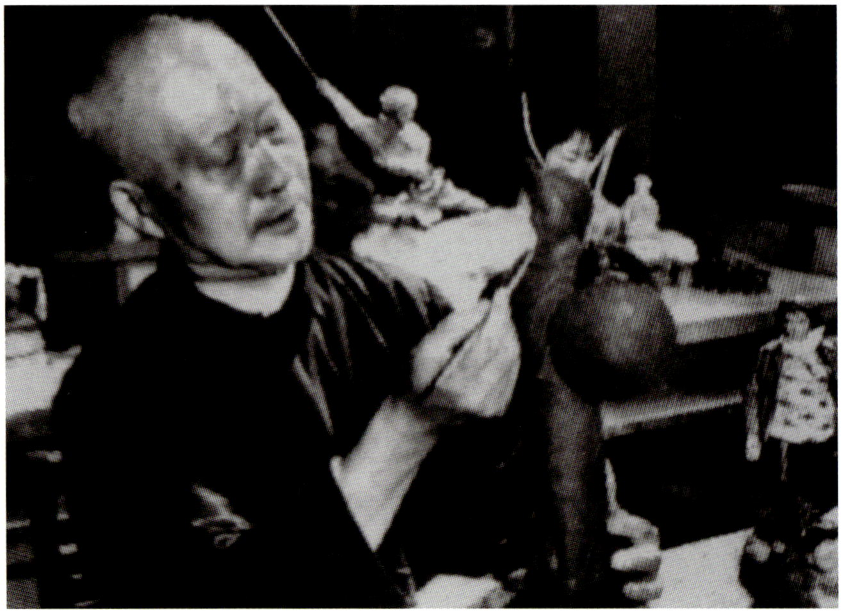

20世纪60年代蒋金奎工作照

喻湘涟和母亲

喻湘涟和丈夫马新南

三、喻湘涟的捏塑师承

时　　间：2006年7月22日下午
地　　点：喻湘涟的工作室
口 述 人：喻湘涟
采 访 人：王连海、更　生、林　芳、周　佳
录音整理：林　芳

喻湘涟：先谈谈我的学习过程吧，谈谈怎么走上这个路的。我真正的师傅是蒋子贤。我15岁拜蒋子贤先生为师，这也是外祖父的意思。他认为做泥粗货（大路货）水平低，没有出息，做泥细货才是真本事，就叫我跟着著名艺术家蒋子贤学捏戏文。他认为会捏手捏戏文的人，以后会捏“子质”[5]。这是他的切身体

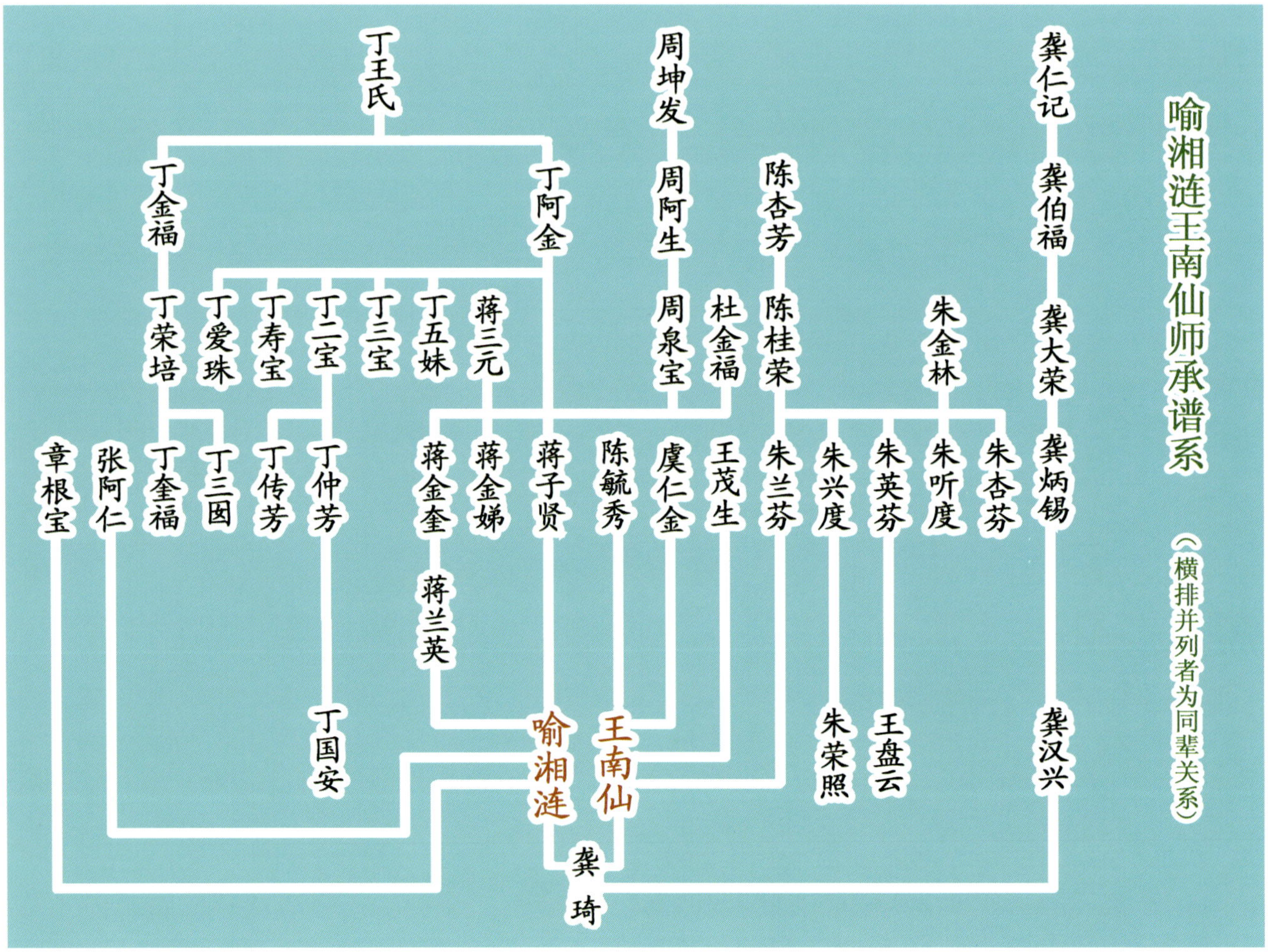

喻湘涟、王南仙师承谱系

会，我外祖父从小跟他父亲学捏戏文，后来转为捏“子质”，批量生产来养家糊口。至今我能塑，会彩，善捏，能全面地提高技艺水平，这与他当年的决策是分不开的。

蒋子贤工作照

我的师傅蒋子贤（1884－1957年）是近代惠山泥人行业著名的艺人，为人忠诚、处事公平、热心助人、德高望重。在1956年当上了惠山泥人合作社的名誉主任和省政协委员，他的手捏戏文作品很受国内外贵宾的喜爱，得到了行家们的肯定和赞赏，享有很高的荣誉。

他为什么能有如此高超的技艺呢？除了他本人的天赋之外，还有一个客观原因：他的青少年时代，正是惠山泥人行业兴旺期。在这么一个环境中，看得多，听得也多，自觉或不自觉地受到熏陶和影响。他从小拜蒋三元为师，因为是氏族亲戚关系，容易学到技术，打了一个好基础，之后又跟杜金福学艺。他有灵气，被周阿生儿子周泉宝看中，招为女婿。又被丁阿金认作干儿子，所以他是集众人之长。

王连海：您和蒋子贤有没有亲戚关系？

喻湘涟：有亲戚关系。蒋子贤是我外祖父的堂兄。我为什么会去做泥人呢？中学毕业以后，我没有考取农业专科学校，后来又想考地质学院。如果考上了，要远离家乡，要和家里人分离。我妈不让我考地质学院，她哭得稀里哗啦。她的想法和我们不一样，我们想得比较简单，她一哭，我们也受不了了，也就算了。我外公就说，女孩子，做烂泥嬷嬷不错的，你就学吧。蒋子贤

天津泥人张第三代张景祜与蒋子贤交流泥塑技艺

的作品和丁阿金的作品风格最像，他是丁阿金的干儿子。

王连海：哦，原来他们是这样的一种关系啊！

喻湘涟：在军阀混战时期，泥人行业开始萎缩，品种没有什么发展，手捏戏文的销路开始大幅度缩小。那时军阀混战，横街上的店铺大多被焚毁了。这时的手捏戏文已一蹶不振。20世纪20年代后期，我师傅当上了总甲（就是保长），是当时地方最小的官儿，从此就不捏手捏戏文了，在惠山镇专门解决民事纠纷，管理田税事务。因为他善解人意，处事得当，很得人心，威信也高，凡是家族内或四邻之间、商务之内解决不了的矛盾，他一到场，就摆得四平八稳。但是，他后来逐渐染上抽鸦片的恶习，在1950年被弄到东门看守所禁毒，教养了几个月。

1953年建立惠山泥人辅导组，后来是江苏泥塑创作研究所。1954年创办了泥塑生产合作社，我师傅蒋子贤应聘进入这个所，对惠山的传统泥人进行摸底调查和挖掘整理。从此，蒋子贤为惠山传统手捏戏文的恢复、继承做了不少的努力。他在短短3年里，创作了《蟠桃会》、《水漫金山》、《三有趣》、《五色春牛》、《苏州娘姨》和《耍把戏》。更多的是手捏戏文，像《梁山伯与祝英台》、《天仙配》、《送凤冠》、《二进宫》、《三岔口》、《游月宫》、《野猪林》、《疯僧扫秦》、《贵妃醉酒》、《霸王别姬》，共有百余套戏文。他粗货也做得相当好，有《青狮》、《荷叶囡》。他还带了三名徒弟：蒋志远、陈荣根和我。

蒋子贤的戏文已达到炉火纯青、出神入化的境界。当时苏联“老大哥”来参观时，他就现场表演，在场的贵宾惊讶咋舌，热烈鼓掌，他还多次被邀请去华东艺专讲课表演，并在1956年5月与天津泥人张第三

蒋金奎辅导学生

代张景祐作现场表演交流。他为惠山传统泥人手捏戏文的承上启下立下了汗马功劳。我师傅还是1956年的江苏省政协委员、无锡市文联会会员。

蒋金奎在辅导学生

我学"手捏戏文"这门技艺前后有三位师傅。蒋子贤先生是第一位师傅，是我学得最长的一位师傅，也是让我得益最大的一位师傅，跟他学艺的实际时间只有一年零四个月。我跟蒋先生学艺时，他已经是古稀之年，背已弓了，走路往前冲，但大脑思维清晰，人很灵活，反应快，眼力好，还有点文化。当时，能收我这个女的当学徒算是开明的了。那时我的师兄蒋志远，已经学了一年多，师兄比我大两岁，后来改行了。因为我是本地人，对做泥人的一些粗活知道得很清楚，师傅在这方面就不必费心，像打泥、揉泥、扫地、泡水这样的杂事和零活，我都主动干完，都按老规矩做到家。我也不与师兄计较，因为"先进山门三日大"，他大我小，我多做一点杂活是应该的，所以师傅看了很高兴。我师傅话不多，兴致来了，也要讲一阵子。我和师傅是面对面坐的，师兄是与师傅并排坐的。因为我年龄小，只有15岁，有点野，更有点调皮，一进去，师傅就对我说："毛丫头，不乖，就吃笃板（意思是用做泥人的工具笃板打我）。"虽然是一句警告的话，却让我明白了，我的言行一点也不能出错。最初，见了师傅有点害怕，面对面坐着，看得清清楚楚，只得老老实实。

开头第一个月基本上做零碎杂事，没有零活就帮二位师傅（还有一位章根宝师傅）捻泥球，每天捻500粒泥球，或者做一些揉泥伏泥的工作，练手指、手腕的基本功，行话叫"活活手"。

第二个月正式教我学捏戏文，第一套的启蒙戏文是师傅的拿手戏《贵妃醉酒》。他一开始什么话也没有讲，拿着他的一套《贵妃醉酒》泥坯放在我面前，叫我照样捏。因为没有捏过，泥不听话，手上有火气，老是裂细纹，花了一天工夫四不像的一套戏文捏出来了。第二天他看到了这套戏文，板着面孔严肃地说："算立出来了。想想哪亨（怎么样）道理？"我低着头说："捏不好，跟你的戏文比相差不少。"师傅说："还算好，觉

1971年，在响水参加红卫兵合练留影，前排右一是喻湘涟

得着。”接着就正儿八经地讲《贵妃醉酒》的剧情给我听。唱腔、动作、表情都讲得很仔细，还表演给我看，讲得明明白白。然后，凡是我没有捏好的地方，他再做示范。他真是手把手地教我，有的地方不是一次能弄清楚的。每次示范后他要我重复一遍，看差不多了，就放手，让我自己去练习。他经常对我说："师傅领进门，修行在自身，要靠你自己了。"

我们当时捏戏文的老师傅也好，画戏文的师傅也好，绝大多数是通晓《三国演义》、《水浒传》、《西游记》、《红楼梦》和《七侠五义》的，肚里都有货。上班时往往会评论戏剧内容，谁演得好，谁的唱腔好，谁的扮相好，讲到兴头上还要唱两句，唱得很像，其他师傅就用嘴模仿胡琴伴奏。现在回忆起来真有意思，章根宝师傅喜欢唱《吊金龟》，陆富泉师傅和调的时候多，我师傅说戏说得好，学演员动作学得像。王士泉师傅学《四进士》中的宋士杰唱得好，有时我们还会起哄，他腔调不对，引得大家捧腹大笑。这段时光我现在还蛮留恋的，人与人处得十分和谐。

师傅经常说："捏泥人，学会是便当（容易）格，学好要花工夫格，要捏出头（出名）来么，还是要有天赋格。有了工夫没有天赋勿来（不行）格，有了天赋没有工夫也勿来格。"

师傅谢世时，正是他的艺术鼎盛时期，当时他的丧事也办得十分隆重，送葬队伍从山门口一直排到直街梢头，有各级领导参加，是泥人艺人葬礼中最隆重的一次。

虽然我创作的手捏戏文《渔樵摆渡》在1956年8月获省青年美展三等奖（我是训练班中唯一

《十五贯》（喻湘涟、王南仙）

《孙悟空》（喻湘涟、王南仙）

》《小宴》(喻湘涟、张小权)

》《定军山》(喻湘涟、张小权)

获奖的学员),但师傅不在了,在单位里我感到孤独得受不了。事隔两个月,我向训练班班主任薄庭瑛老师提出我想拜师。领导们研究后,让我拜张阿仁先生为师。那时,张师傅68岁,专做大面戏文,《姚期》是他的拿手戏。我跟他只学了一个月,他就得脑溢血故去了。这样一来,周围的老艺人受到很大震动,背后议论我命硬、克师傅。再也没有人肯收我做徒弟了。我心里蛮挖塞(懊恼、苦闷)格,但我觉得要学好这门技艺,没有师傅是不来事(不行)格。我就自己去对章根宝师傅说,愿做他的徒弟。他的看家戏是《打鼓骂曹》。他不肯收我,我就磨嘴皮子,最后他说:“你当我的徒弟可以,但今年不收你这个徒弟,要收,也要等到明年再说。”我明白他的意思,我一年之内死掉两位师傅,要明年再拜师傅。隔年我拜章根宝为师,学了不满一年,他又离开了人间。短短3年里相继又有高子祥、陈阿福离去,7位手捏老艺人走了5位,只剩下杨阿荣、王锡康两位。领导为了加强手捏戏文的力量,把门市部里会捏泥人的营业员陈阿兴调入我们组,又把泥塑创作组有手捏基础的王士泉先生充实进来。至今惠山泥人中会捏传统手捏戏文的老前辈都不在世了,真正会捏手捏戏文的晚辈也少得可怜,发展的前景难以预料。

1972 年，喻湘涟在响水县带徒弟

1978 年，在响水县，第二排右一是喻湘涟

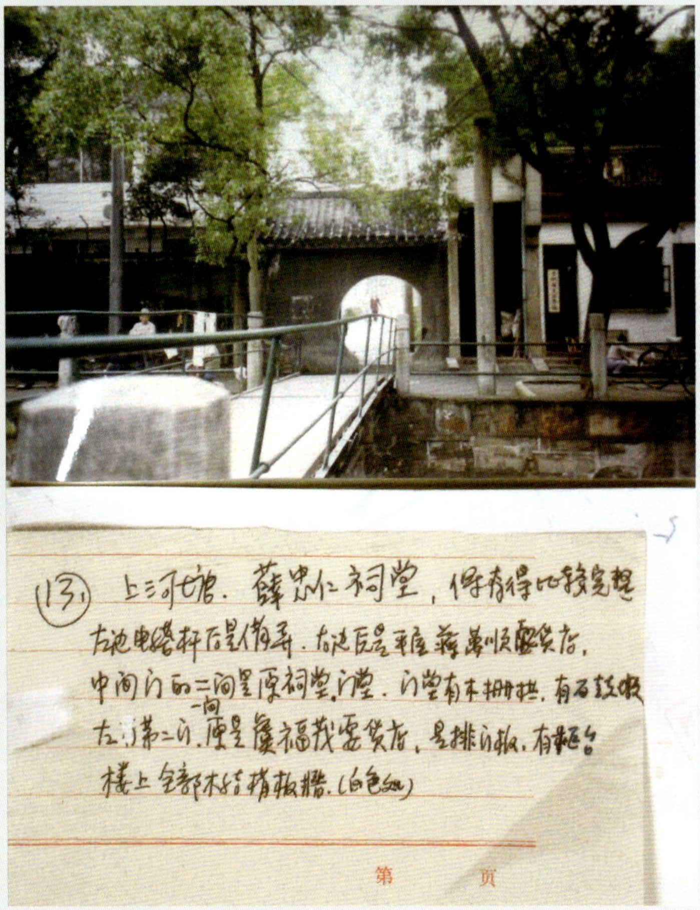

喻湘涟考察祠堂时拍的照片和做的笔记之一

喻湘涟考察祠堂时所拍的照片和做的笔记之二

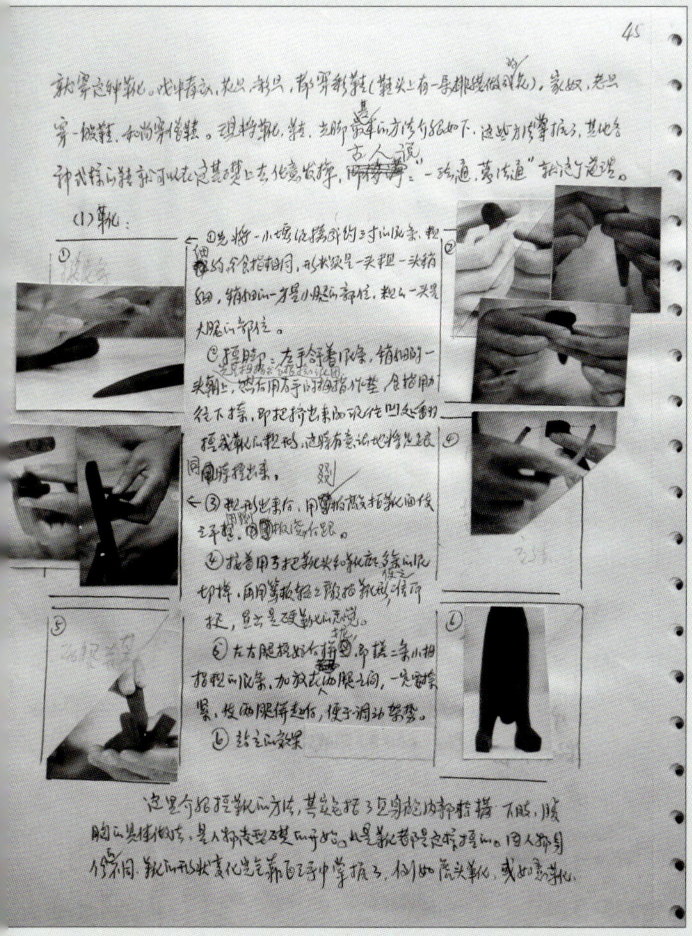

喻湘涟所写捏塑技法手稿之一

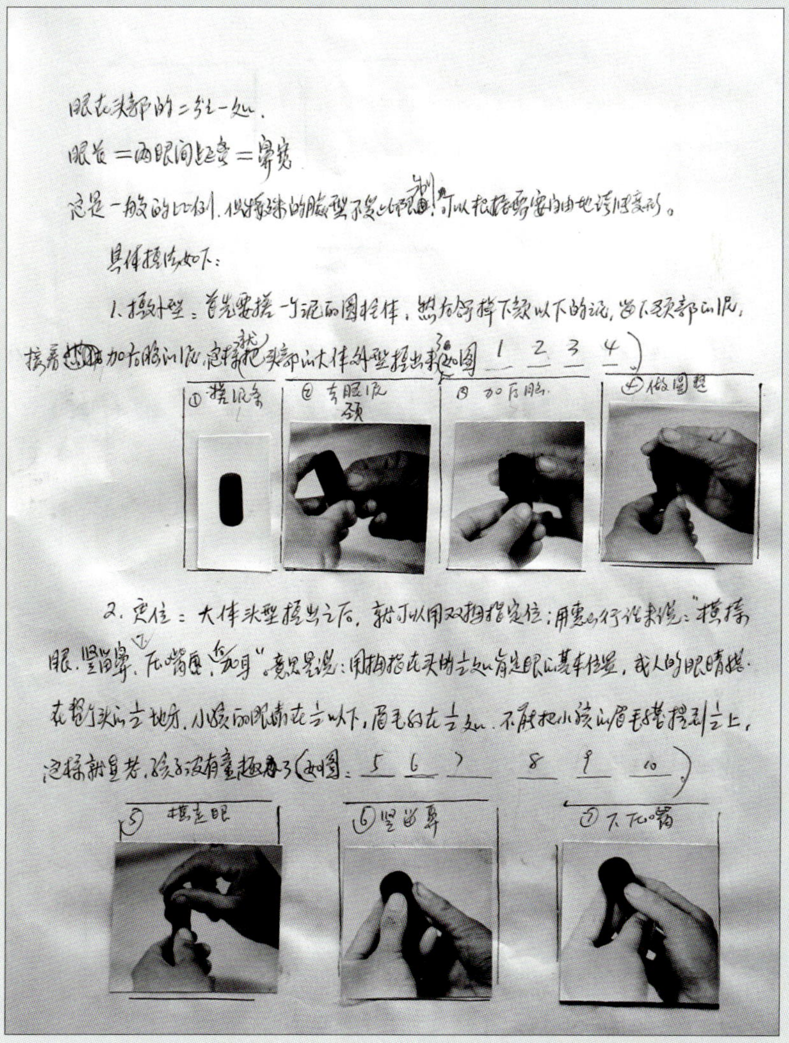

眼在头部的二分之一处。

眼长＝两眼间距离＝鼻宽

这是一般的比例，但捏孩子的脸型不受比例限制，可以根据需要自由地调整变形。

具体操法如下：

1. 捏外型：首先要搓一个泥的圆柱体，然后掐掉下颏以下的泥，出下颈部的泥，接着加上后脑的泥，这样就把头部的大体外型捏出来了（如图 1 2 3 4）

2. 定位：大体头型捏出之后，就可以用双拇指定位；用惠山行话来说："摸摸眼，竖当鼻，压个嘴巴，安个耳"。意思是说：用拇指在头的二分之一处肯定眼的基本位置，成人的眼睛摆在整个头的二分之一地方，小孩的眼睛在二分之一以下，眉毛约在二分之一处，不能把小孩的眉毛都提到二分之一上，这样就显老，孩子没有童趣了（如图 5 6 7 8 9 10）

喻湘涟所写捏塑技法手稿之二

孙家桥 15 号，喻湘涟的住所兼工作室

2006 年，喻湘涟在台湾表演手捏技艺

喻湘涟收集了很多专业书籍

2006年，美术馆更生女士采访喻湘涟

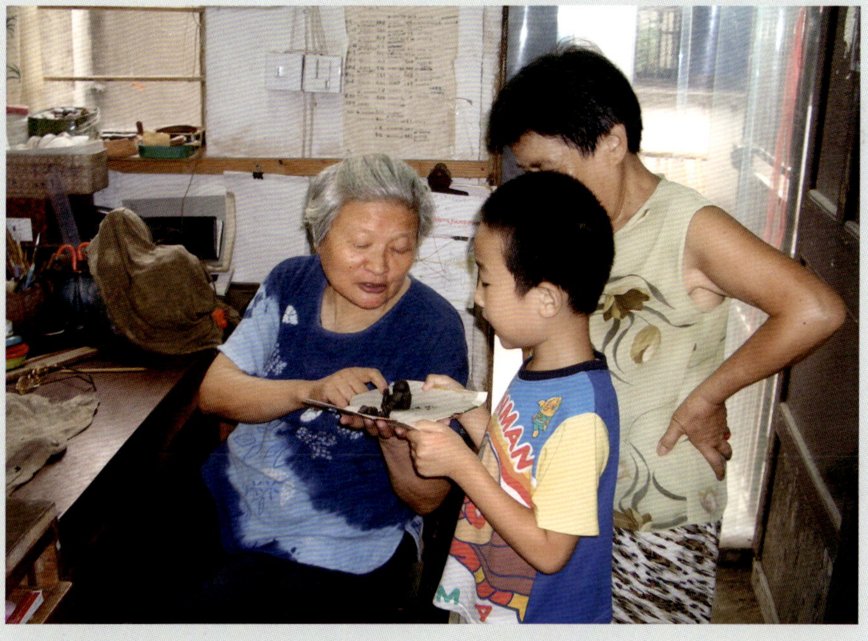

喻湘涟正在辅导小孩做泥人

喻湘涟、王南仙在台湾参加佛光山展览，左一为汉声社的黄永松

我后来的两位师傅的手捏戏文风格与蒋师傅的风格刚好相反，前者是轻盈潇洒，后者是憨厚朴拙，这对我后来的研究工作有很大的帮助。

四、王南仙的彩绘泥人生涯

时　　间：2006年7月24日
地　　点：王南仙家里
口 述 人：王南仙
采 访 人：王连海、更　生、林　芳、周　佳
录音整理：林　芳

王南仙：早年我家住在惠山古镇的古华山门惠山寺，就是现在的寄畅园，香花桥右边。楼上楼下有十几间房子，里面有小花园，还有池塘，典型的南方住宅。外婆家是看守秦家祠堂的，后依着寄畅园，门前一条观前街，通往天下第二泉，右边通往金莲池。就在这秀美的胜地，我的外公开了一爿“亦畅茶馆”，同时小姨母朱杏芬在香花桥边开了一家“朱祥和耍货店”，共有两间门面。按当时的风俗，女儿不能在茶馆里出头露面，只能由舅舅参与茶店的经营。父亲与母亲朱兰芬开了一爿“王茂生耍货店”，前面设店，后面是作坊，父亲既要帮助外公家经营“亦畅茶店”，又要与母亲经营泥人店。

惠山彩塑大师王南仙

惠山人几乎家家会做泥人，我家也不例外，外婆、母亲、两个姨母和大舅舅都会做泥人，都有一副好手艺。小时候我最喜欢看外婆做大阿福，她用两根泥条盘成“环龙”，安装在大阿福头上，做成《环龙头大阿福》，手法十分熟练，连坯[6]带画。母亲给泥人画眉毛、画眼睛，眉毛画得秀气，眼睛画得特别精神。画蚕猫上的花纹，用剪刀把毛笔剪掉一半笔头，用这种笔蘸点墨，在猫的身上轻轻地均匀地点，猫的花纹就出来了。因为家里做泥人的人多，所以品种也多，有《大阿福》、《张仙送子》、《关公骑马》、《老寿星》；手捏戏文有《长坂坡》、《刘关张》。我家泥人店的地

理位置比较好，在惠山寺里，到天下第二泉的游客，必须经过我们家门口，所以生意很兴旺。有茶馆和泥人店两桩生意，我家算得上比较富裕，我从小就长得秀气，是父母的掌上明珠呢！

1956 年，郑郁鹤到无锡学习泥塑技艺，与培训班学员合影

我是因一个偶然的机会开始学艺的。1956 年，我正在城里华光中学念书，惠山有好几位同学叫我一起去报考江苏省泥塑彩绘训练班。因为我在学校成绩蛮好的，不愿意放弃学业，可是，又听说彩塑训练班是省里来办的，训练班有专门的老师上课，与正规的学校一样，是不差的。这是一个机会，过去以后就没这机会了。因为我从小生长在做泥人的家庭里，受到外祖母、母亲的影响，在这环境中受到艺术熏陶，很喜欢惠山泥人这行当，所以就凭着对艺术的爱好，报考泥塑彩绘训练班了。父母亲也很支持我，说："女孩子学这一行很好，你又有耐心，这行当很适合你的性格。"于是我就放弃上学，选择了这一行，报了名。当时报名的人很多，要十几个里取一个，还要参加考试，考素描、绘画，还有口试。过了一个月，接到录取通知书，我就正式成为江苏省泥塑彩绘训练班的一名学员了，学艺生涯从此开始。

1957 年，王南仙在照相馆留影

我记得第一节课上的是文艺理论课，讲如何继承惠山400多年民间彩塑艺术，接好惠山传统泥人的班。训练班共分三个专业：彩绘、手捏、雕塑。第一年三门专业都要学，了解熟悉惠山彩绘全过程；第二年就自己选专业，我选的是彩绘专业。任课老师是大学毕业后分配来的几个老师，其中有日本留学的王木东教授、孙平教授、蒲延瑛教授。训练班还聘请了著名画家秦古柳先生、赵容老师任课。上课的内容有文艺理论、色彩学、国画、写生、图案、素描、书法。在学习泥人彩绘时，每一位学生都有一位老师傅具体指导，我的启蒙师傅是虞仁金。当时时间安排是这样的：上午老师讲课，讲课内容都是按照正规美术学院要求安排的。下午老师傅到我们班里来传授技术，有六七位高手师傅轮流上课指导，每位师傅的课程都由班主任蒲延瑛老师安排。老师们认真地把自己的技艺传授给我们，我们也把各位师傅的技艺学到了手。

1968年，江苏省工艺美术研修班学员合影，前排左二为王南仙

1972年，蒋金奎、马静娟和王南仙在一起切磋技艺

学习三年后毕业，实习一年。每个学员分到不同的工作岗位，有的分配到生产车间去当技术工，有的在创作设计组。当时党支部书记张毅找我谈话，她说党支部决定叫我再拜陈毓秀老艺人为师，他的年纪大了，他的技术不能失传，要接好班。当时我很感动，领导这样信任我，我表示一定不辜负领导的期望，专

≫《和合二仙》（喻湘涟、王南仙）

心认真学习，在陈毓秀工作室进一步深造，向陈老师学习手捏戏文传统彩绘技法，接好班。陈毓秀是惠山彩绘的一名高手，当时已经70多岁了，后继无人。为了要更快更好地把师傅的技艺学到手，我每天提早上班，把师傅的工作台擦好，水笔、调色盒清洗干净，地扫好，牛奶热好，做好上班前的一切准备工作。师傅耐心地教我，我一点一滴反复临摹。陈毓秀师傅的开相技法，是惠山泥人行业中首屈一指的，泥人的表情符合剧情，眼睛生动有神，人活戏活，好像一出一出的戏在台上表演一样。

老先生开出的花旦、小生，我特别喜欢，因此我下了工夫，一而再、再而三地观察分析。陈毓秀师傅特别喜欢我，我可谓得到了他的真传。往后，我一直在陈毓秀师傅工作室工作，边实习、边工作，发现问题及时请教，受益匪浅，到最后能独立设计完成任务。今天，我的传统彩绘技艺能在同行业中名列前茅、独树一帜，与他老人家全心传授是分不开的。陈毓秀是惠山手捏戏文彩绘技艺最高的老艺人之一，是政协委员。在师傅们当中，他威信很高，他讲的话没有人不听。有时候，有的师傅为某件事发生口角，争执起来，只要陈毓秀师傅一开口，大家都不作声了。我师傅从15岁起就跟着惠山著名的艺人朱

《钟馗》（喻湘涟、王南仙）

《周仓》（喻湘涟、王南仙）

《铡美案》中的包公（喻湘涟、王南仙）

≫ 1978年，王南仙在研究所彩绘

巧宝学彩绘，21岁以后到上海“善益习艺所”给天际艺人潘树华当帮教。“八一三”以后回到惠山做泥人，自己做，自己卖。抗战时作坊都被焚毁，陈师傅也失业了，只好到南京做厨师，直到1954年秋他与蒋子贤一起被聘到惠山的泥塑创作研究所工作，才回到惠山。

学习的过程也不是一帆风顺的，现在回忆起来，很有意思。那时候，惠山泥人上彩用的颜料不是现在这种广告色，而是矿物质颜料，像石绿、石青、白铅粉这些颜料，都不是拿来就能用的，要自己再加工。传统颜料的制作与调配技巧是一门专业技术，至今只有我还保留着。画泥人时，白色的颜料用处最大，因此要多备一些。制作时，要先将铅粉放入研钵内研细，再用稀的牛胶水调均匀，然后用细箩过滤，经过这样几道工序才能使用。工艺制作过程很复杂，又费力，又费时间，是很麻烦的，要有一定的实践经验才能做好。假如颜料里的豆油放多了，画在泥人上就会亮晶晶的，时间长了要脱皮；如果牛胶少了，颜色容易脱落，用手去拿泥人时，泥人的颜色会粘在手上。因此配颜料是一门讲究的学问，是苦力活，手上往往磨出泡来。有的同学怕苦，不肯做。苦是苦的，但我不怕，手上磨出了老茧，掉了再长出来，来回三次就算过关了。这个配料的技巧全是老师傅积累的经验，因为过去没有天平，不可能用科学的方法确定配方比例，全靠平时积累的实践经验。

惠山泥人彩绘中的装潢技巧工序也很繁重。例如京剧中张飞、赵云的靠旗要用绢做，胡须要用丝棉拉出来。绵丝这原料很轻，不能有风吹，在夏天只能关上门窗，不然要给风吹掉，酷暑天也只能忍着，一边流汗，一边拉须。

泥人彩绘的基本功在手腕上，手腕上要灵活，手不能抖，这一关一定要过，所以要不断地练。用丝绵做胡须时，需要连续地拉丝，有时候拉得手发酸，两个肩膀不能动，连筷子都拿不起来，吃饭都成了问题。泥人胡须的形状是用嘴吹出来的，有时会吹得头晕。为了练好基本功，也确实吃了不少苦头。这些不算啥，最难过的是被人讥笑。当年画第一套手捏戏文《贵妃醉酒》时，贵妃红衣服上要勾[7]出黄的双线云纹。勾云勾得不像样，死、乱，没有规矩，不上板眼，看上去不美。有位姓章的师傅拿了我的作品，在全班出我的丑，讥笑我，气得我差点哭出来。于是我默默地下了决心，难道你会我就不会吗？第一次，我当然是不懂不会。下了课，我一个人在纸上拼命练习，再去请教我的启蒙师傅虞仁金，弄懂了勾云头的技巧。原来问题出在云与云的连接上。一通百通，弄懂了勾云的方法，类似的问题都迎刃而解了。工夫到家了，技巧练熟了，线条流畅了，终于得到师傅们的表扬。这些事情，直到今天还历历在目。

20世纪80年代王南仙工作照

陈浩泉师傅虽然不是我的正式师傅，但对我特别好，他对我说："你们十几个学生中，我看只有你能接惠山传统泥人的班。"他又把自己保管了十几年的一块蜡，郑重严肃地交给了我。这蜡是给手捏戏文人物脸上打蜡用的，打了蜡，脸上就有亮光，是传统工艺不可少的一道工序。直到现在我还珍藏着这一块古老的特殊的原料，看到这块已有100多年的蜡，就想起了我的恩师陈浩泉师傅。

彩塑训练班的纪律很严，学习3年都要住在宿舍里，那真是一段难忘的时光。

前排中间为蒋子贤、前排左二为陈毓秀、右二为王南仙

1991 年王南仙在日本表演泥塑彩绘

王南仙在工作

2006 年，王南仙在非物质文化遗产成果展上献艺

王南仙为儿子龚琦示范彩绘技法

龚琦在彩绘

龚琦在做手捏戏文

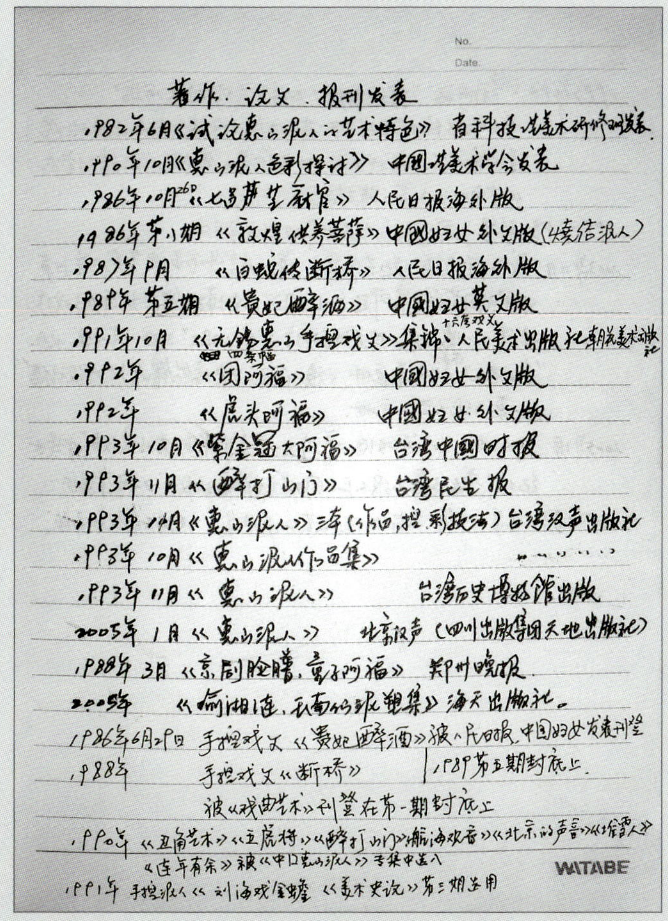

No.
Date.

著作．论文．报刊发表

1982年6月《试论惠山泥人的艺术特色》 省科技情报美术研修班发表
1990年10月《惠山泥人色彩探讨》 中国工艺美术学会发表
1986年10月26日《七岁英生献官》 人民日报海外版
1986年第八期 《敦煌供养菩萨》 中国妇女外文版（烧结泥人）
1987年9月 《白蛇传断桥》 人民日报海外版
1989年第五期 《贵妃醉酒》 中国妇女英文版
1991年10月 《无锡惠山手捏戏文》集锦（十六屏戏文、四条屏幅） 人民美术出版社、朝花美术出版社
1992年 《团阿福》 中国妇女外文版
1992年 《虎头阿福》 中国妇女外文版
1993年10月《紫金冠大阿福》 台湾中国时报
1993年11月《醉打山门》 台湾民生报
1993年10月《惠山泥人》三本（作品、捏、彩技法）台湾汉声出版社
1993年10月《惠山泥人作品集》 ……
1993年11月《惠山泥人》 台湾历史博物馆出版
2005年1月《惠山泥人》 北京汉声（四川出版集团天地出版社）
1988年3月《京剧脸谱、童子阿福》 郑州晚报
2005年 《喻湘涟、王南仙泥塑集》海天出版社。
1986年6月29日 手捏戏文《贵妃醉酒》被人民日报、中国妇女发表刊登
1988年 手捏戏文《断桥》 1989第五期封底上
被《戏曲艺术》刊登在第一期封底上
1990年《丑角艺术》《五虎将》《醉打山门》《渔家欢音》《北京的声音》《捡蛋人》
《连年有余》被《中国惠山泥人》专集中选入
1991年 手捏泥人《刘海戏金蟾》《美术史论》第三期选用

WATABE

王南仙统计作品的手稿

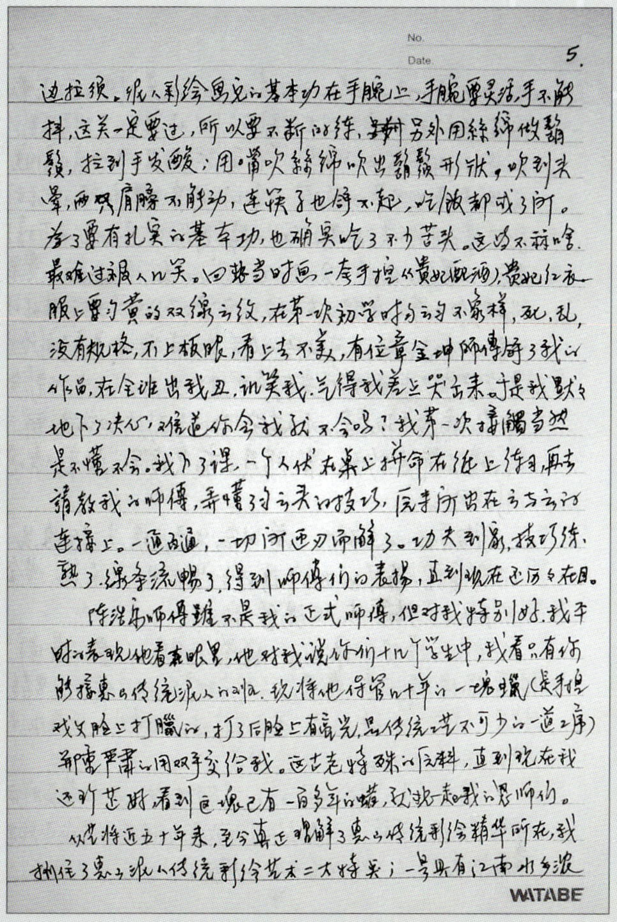

No.
Date. 5.

过拉须。泥人彩绘画兑的基本功在手腕上，手腕要灵活，手不能抖，这关一定要过，所以要不断的练，另外用丝绵做胡须，拉到手发酸；用嘴吹丝绵吹出胡须形状，吹到头晕，两只肩膀不能动，连筷子也拿不起，吃饭都成了问题。学了要有扎实的基本功，也确实吃了不少苦头。这些不算啥，最难过的是人心关。回想当时画一套手捏《贵妃醉酒》，贵妃红衣服上要勾黄的双线云纹，在第一次初学时勾的云纹不象样，死、乱，没有规格，不上板眼，看上去不美，有位章金坤师傅拿了我的作品，在全班出我丑，讥笑我，气得我差点哭出来。于是我默默地下了决心，难道你会我就不会吗？我第一次接触当然是不懂不会。我下了课，一个人伏在桌上拼命在纸上练习，再去请教我的师傅，弄懂了勾云头的技巧，原来问题出在云与云的连接上。一通百通，一切问题也迎刃而解了。功夫到家，技巧练熟了，线条流畅了，得到师傅们的表扬，直到现在还历历在目。

陈浩东师傅虽不是我的正式师傅，但对我特别好。我平时的表现他看在眼里，他对我说你们十几个学生中，我看只有你能接惠山传统泥人的班。就将他保管几十年的一块蜡（是手捏戏文脸上打蜡的，打了后脸上有亮光，是传统工艺不可少的一道工序）郑重严肃地用双手交给我。这个老特殊的原料，直到现在我还珍藏着，看到这块已有一百多年的蜡，就想起我的恩师们。

从艺将近五十年来，至今真正理解了惠山传统彩绘精华所在，我抓住了惠山泥人传统彩绘艺术二大特点：一是具有江南水乡浓

WATABE

王南仙撰写的彩绘技法文章手稿

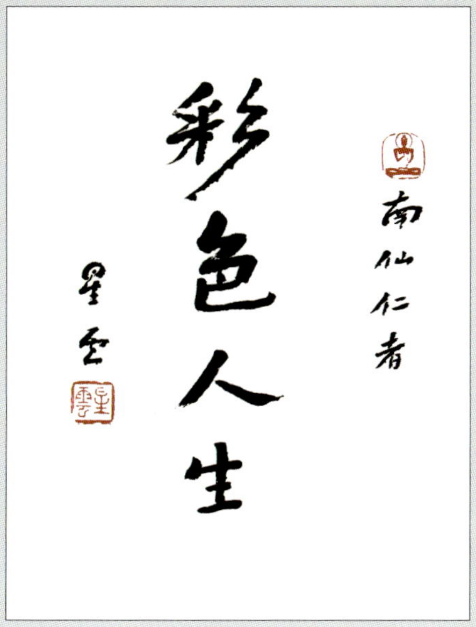

台湾星云法师为王南仙题字“彩色人生”

2006年7月，王南仙在工作台前接受采访

王南仙的彩绘工作台

五、在泥塑彩绘训练班和泥人厂的日子

时　　间：2006 年 7 月 25 日
地　　点：喻湘涟的工作室
口 述 人：喻湘涟、王南仙
采 访 人：王连海、更　生、林　芳、周　佳
录音整理：林　芳、周　佳

喻湘涟：1955 年那年我 15 岁，初中毕业。当时我们家没有钱，那时候没有钱的孩子都报考技校，报考中专，技校和中专的学生可以吃学校的住学校的，家里不用掏钱。我家里没钱，就报考了苏州农业中专。因为没有考取，我外祖父就跟我说："现在解放了，没有男女之别了，你去学捏泥人吧。你跟蒋子贤去学，他那个手艺才是惠山泥人的代表。"我觉得也好，就自费去跟蒋子贤学习，学了半年。

就在那一年，江苏省在无锡惠山建了一个泥塑彩绘研究班，研究班第一期是由原江苏省泥塑创作研究所承办的，是省文化厅直接管的。我报名参加了这个训练班，上这个班是自己掏腰包的。隔了一年，改成泥塑彩绘训练班。改了以后，泥人合作社管这个事。所以我们的学习成绩单，三年两个样。后来我们评职称，麻烦了，我们跑到省里去找原来管我们的领导张文俊，他说："早知道文凭有用处，我们当时都给你

1956 年集体合影，第二排左一是喻湘涟

1960 年欢送上山下乡青年留影，第二排左二是喻湘涟

们发大学文凭。”为什么呢？因为我们学的课程相当于大学的课程。

我去了训练班半年后就招工了，我被正式招进去了，正式编制，不用自己掏腰包了。我们那个时候的工资是 13.6 块，9 块钱的伙食费，4 年以后就能拿到 21 块钱。

4 年以后惠山成立了泥人厂，这样，我就到了泥人厂。我的成长历程跟行业的发展一样。那时候工作是计件的，后来是“大流水”，就是流水作业。上彩工、印坯工，还有浇坯、开相、画眼睛、画鼻子、画脸都各有分工。

直到现在我还很怀念我们那个训练班，比大学的训练班还要好。我们的老师水平高，都是一流的啊。每一个学生在当时都是好学生，1955 年去的人都学习 4 年，以后去的人都是学 3 年。1955 年上半年是第一班，我是 1955 年的 9 月份进的班。当时陈近老师教我们文艺理论和戏曲理论，还教素描；柳家奎老师教解

20世纪60年代，外地参观团观摩喻湘涟创作

1968年，王南仙创作毛主席像

1971 年，王南仙在惠山泥人厂工作时的照片

剖；杨艺生老师教文艺理论。都是大学毕业的本科生教课，所以我们的技术比较扎实。我们的雕塑、素描都是按学校的那一套学的。上半天就学这个，下半天雷打不动跟师傅学做泥人。我是跟蒋子贤学习的。每一个老师傅都是民间艺人中的高手，学习班都安排一个学生跟他们学。我们那时候还过民主生活，开展批评和自我批评。什么课程都有，还有老师教美术音乐欣赏，都是按苏联那一套教育方法，列宾的那些艺术，我们都知道。还画过人体，不是完全裸体的，模特都穿三角裤，小背心。我们那 3 年的工夫打得很扎实。

现在到外面去，人家问我什么，我都能回答，都是那时候学的。

泥人厂的前身是合作社，泥人厂的管理办法还是按照合作社的程序规定的。创作组就是打样的，就管造型。手捏组呢，主要是保证这个产品怎么样才能不亏本。我以前捏白毛女，一天捏 32 个呢。我们的老师傅捏戏文，一天要捏 15 个人。为了做得快，只能两个泥人捏一只手，其他的手要么放在后面，要么放在下面（等于省掉了工作量，少捏了）。我们现在一般一套戏文都捏出两只手、三只手，现在和那时候不一样，是为了要出精品的。

师傅教导我，要捏好戏文，就要做到四多：一多看，二多做，三多想，四多问。

> 1978 年，来研究所的外宾参观王南仙工作

一多看。多看有好处，可以少走弯路，俗话说“千学不如一见”。看师傅怎样捏的，怎样起手落手；怎样捏正手、反手、侧手的手势。还要看其他师傅怎样捏的，比一比，做到心中有数。有句老话“一徒千师”，一个好徒弟，有一千个师傅，学得广才容易长进。还要多看戏，捏戏文不看戏，无论如何是捏不好的。各种演员的戏都要看。我们在学徒期间，领导和师傅经常组织我们观看演出。市文化局经常送票过来，让我们去看彩排。还要多看书，多看书蛮要紧的，看了书，会开窍，不知道的知识都会晓得，捏出来的泥人就与一般的不一样了。过去没有文化，就苦得不得了，学习全部要靠听，听人家讲，才晓得，多看就是强调学习的方法要有多样性。

> 1978年，王南仙为徒弟示范彩绘技法

二多做。捏泥人，硬碰硬要靠多做，多做就熟练了，熟能生巧，巧夺天工。多做的道理很深，一天不捏，一天生。老话叫“拳不离手，曲不离口”，万万不能偷懒。做得多了，功到自然成。手捏戏文全靠一个“熟”字，熟练方能出好货。

三多想。光死做没有用的，不动脑筋地做是没有出息的，做到哪里要想到哪里。捏一套戏文，从开始到结束，要全神贯注，不然一套戏文没有味道的。捏时不能走神，货色才会有精神。为啥同样捏一套戏，集中思想动脑筋捏就觉得有味道，不动脑筋就死板板（没有神态）格。看过一出戏之后，要想捏出来，就必须先想一想，动动脑筋，捏一套试试看看，找到什么地方不对，下一套再改进，边想边做，慢慢就会有好货。师傅还说：“捏烂泥嬷嬷，主要捏格意思，意思捏不出来，一套戏文就不好了，不动脑做，泥人就死掉了。”这是戏文主题突出、形象生动的核心所在。

四多问。一问别人，二问自己。虚心向人家讨教，学点经验，一天不多，十天许多，肚里货色就会多起来，本事也会一天一天大起来。学问学问，学习就是要问。一个人死勿响（不做声）就不灵格。二问自己。问自己捏得怎么样？好在哪里？不好在哪里？什么原因？怎样去解决？在同行中，谁在哪些方面比自己强？我该怎么办？多问自己，从各方面去问自己，时间长了，会悟出道理来，这样人也会慢慢聪明起来……

这些教诲一直贯穿在我以后的艺术实践中。

我苦恼的是，想要在原有的基础上再前进一步可就不容易了，得不到领导支持，得不到同事的理解。传统的手捏戏文，在造型上，不是完美无缺的，严格来说还有许多短处，例如：构图平板，脸形变化不大。尺头[8]的大戏文中有“三脚撑”，这是不合理的处理手法，这些问题都有待我们这一代去解决，去改进。我

王南仙在惠山泥人厂的工作证

王南仙在研究所的工作证

为了解决这些问题，作了不懈的努力，吃了不少苦。别的不说，就说脸形问题，过去师傅带徒弟，就传给一套头模，好的师傅最多也只给七八个，有的只有两三个，都是程式化的头模。如果要“推陈出新”，跳出圈子，首先要解决脸形问题。过去的师傅不注重塑头形，全靠头模做头面，就这么一代一代将头模传下去，作为吃饭的工具。我想学塑头形，被有关领导发现了，他大发雷霆：“传统戏文还没有学好，就要出新，能出个怪来！”一连批评我几次，我回家大哭一场。外祖父知道后，说：“别理他，你想得对的，不

在泥人厂彩绘“白毛女”

要在单位学，到家里学，我教你。”外公就教我一套捏头形的基本方法，这是家传的一套绝技。我反复练，最后掌握了。在这基础上可以变化出多种脸形。在同行中我塑的脸形属于有水平的，一个基础脸形只需花三两分钟。后来两次出国献艺时，观众都被我做头形的手艺所倾倒，赞不绝口，我为祖国争了光，这大概就是我的甜了。我在1981年到1992年之间捏了不少戏文，其中有24套精品被中国美术馆民间美术筹备组收藏，13套被南京博物院收藏，有2套被中国工艺美术馆收藏。这对我来说是最大的安慰。

王南仙：在泥塑彩绘训练班的学习中，大家学习在一起，吃住在一起。晚上吃了晚饭，大家赶到学校去上文化课，把初中高中的文化课全部读完。当时没有公共汽车，只能走着去上课。那时候发生了很多有意思的事情呢！我记得有一次，我们几个女同学上完课在回宿舍的路上，碰到了一个酒鬼，他把自行车横在马路上，不让我们向前走。我们把他拉到派出所，他还说是要保护我们。

我们班上有一位同学朱锡娟喜欢唱歌。我们在路上看到天上的星星、月亮，很想唱歌，让她教我们唱歌，她唱一句，我们唱一句，唱的是“蓝蓝的天上白云飘，白云下面马儿跑……”，“十五的月亮，升上了天空……”那时候，在马路上对着星星和月亮唱歌，一边走一边唱，不知不觉就到了厂里。

我们上完了夜课，回到厂里，老师傅们还在加班赶任务，我们就帮助师傅们做活。干到夜里12点，食堂供应免费的面条或者是咸泡饭。现在想起来，那真是很美好的青春岁月！

我们女生宿舍在锡山脚下，靠近龙光塔。男生宿舍在街上山门口，两个宿舍离得很远。记得有一次下阵雨，下得很大，打雷了，一下把龙光塔打了好几个洞。那声音好像是雷电打在我们宿舍房间里一样，把我们宿舍的门窗都震动了，整个房间里全是水，床上也都是水。风雨很大。我们三个女生都没办法，只会抱在一起，乱作一团，又叫又哭。那一次真是太可怕了！后来，住在另一个宿舍里的喻湘涟跑过来，叫快开门！快开门！才把我们救出来。那段时光，是我们经常回忆的话题，集体生活给我们留下了十分深刻的印象。

本章小结

两位手捏戏文大师的家庭背景存在着明显的差异，喻湘涟家境贫寒，幼年失怙；王南仙近于豪门闺秀，养尊处优。从口述的过程中还能体现到两位大师性格上的差异，喻湘涟泼辣大胆，雷厉风行；王南仙娴静文雅，动中取静。但是，她们在彩塑艺术的修炼历程上却殊途同归，走到了一起。她们参加同一个训练班，同时拜师从艺，共同掌握了惠山泥人的优良传统，并逐渐成为配合默契、心有灵犀的搭档。

喻湘涟侧重于塑，王南仙侧重于彩。这种彩塑分工的合作方式在中国彩塑界为惠山所独有。两位大师秉承前辈传统，坚守传统阵地，体现出难能可贵的艺术追求。

经历了近40年的协作，两位大师的合作关系已经达到了“焦不离孟，孟不离焦”的程度。她们的作品凝聚着二人共同的艺术理想，体现了共同的艺术成就。

注释

[1] 开脸：即画脸部，是彩绘中的重要环节，也称“开相”。

[2] 孟不离焦，焦不离孟：孟焦指孟良和焦赞，明代小说《杨家府演义》中的重要人物，系杨六郎部下两员猛将，出身绿林，一心抗辽。孟焦性格豪爽，忠心耿耿，保持草莽英雄本色。两人经常通力合作奋战疆场，建立卓著功勋。这里借孟焦故事比喻喻湘涟和王南仙的密切配合。

[3] 台板：指盛放泥人的台板，一板可置放小泥人数十个。

[4] 米丘林是20世纪50年代苏联著名的农业专家。

[5] 子质：指用于翻印模子的原型。有些地区称之为“母样”或“子”，惠山地区称“子质”。

[6] 坯：在这里用如动词，指制作泥坯子。

[7] 匀：用作动词，指均匀地涂染颜色。

[8] 尺头：指超过一尺高的泥人，是手捏戏文中较大形制的一种。

第三章

喻湘涟谈泥人的捏制

本章综述

时　　间：2006年7月21日
地　　点：惠山泥人研究所
口 述 人：喻湘涟、王南仙
采 访 人：王连海、更　生、周　佳、林　芳
录音整理：林　芳、周　佳

惠山泥人手捏戏文的捏坯技术比较复杂，不仅包括备料、使用工具、具体手法等因素，还包括作者对戏曲本身、对彩塑本身的理解与判断。彩塑作品不仅仅是对舞台形象的记录，还是将最精彩的戏文情节进行再创作的结果。

这里介绍的基本程序仍以传统的“捏段镶手”为主。捏段镶手包括“改头角”（制作人物头面）、“捏段”（捏制身段、手臂）、“组合”（将头、身段、手臂、底座组装在一起）等步骤。捏段镶手的步骤是“自下而上，由里到外，分段组合，一气呵成”，原则是“重上不重下，重前不重后”。这是惠山彩塑艺人几代人采用的手法，也是惠山所特有的彩塑方法。喻湘涟经多年总结，把具体的捏塑手法概括为“手捏戏文十八法”，详细描述了十八法的实施要领和功能。其实，捏制手法不止18种，只是为了便于记忆、便于传诵而名。十八法包括：搓、捏、拍、包、推、镶、贴、扳、捻、捋，等等，是喻湘涟几十年艺术实践的结晶。

以下文字是根据对喻湘涟多次访谈的口述材料整理出来的，喻湘涟讲得十分详细，把手捏戏文的手法和工艺流程完完整整地呈现在我们面前，这是她一生心血的总结，是惠山泥人艺术宝库中的珍贵财富。

一、手捏戏文技法概说

（一）手捏戏文的设计

手捏戏文的创作过程与其他艺术相比，基本规律是一致的。捏戏文，先要熟悉戏曲的基本知识，懂得表演艺术的规律，了解戏曲内容，分析剧中人物性格，选择典型场面、特定动作，打好腹稿，要琢磨具体的捏法。这样做是为了避免在制作时过多的修改。定稿后心中有数了，就可以做到“意在手先”。这是舞台艺术再创作的过程中必须继承的宝贵经验，切忌照搬舞台形象。这方面，前辈艺人已经作出了榜样。

手捏戏文的关键，是要抓住戏中人物的特定性格和在特定情节中的瞬间表现，使人一看就明了。要做到这一点必须长期苦练。老艺人总结了一个四字诀“意、情、劲、稳”。意，指的是把戏文意思表达明白；情，是把人物的感情刻画清楚；劲，是指“出手戏”中的武生、武将都要有力度感；稳，指的是捏出的戏文要站得住、立得稳、不歪斜。人与人之间的位置布局相互照应，尤其是出手戏文的架势支撑点要稳。要险中求稳，稳中有力。手捏戏文在艺术处理上强调“重上不重下，重前不重后”。重点只要抓头部刻画，重视正面造型，脸部不能马虎。脸是传神的主要部位，下身和背部可以放松一些，次要地方该简就简，不要面面俱到。怎样简呢？就是在“扁”字上下工夫，压缩人体厚度，减少多余的头饰及衣纹，通过扁达到更高度的概括。“扁”并不是不要立体感，而是在扁的体面上做出深度感，因此叫做“扁中有圆、圆中有扁”，“厚中有薄，薄中有厚”，这是辩证的艺术原理吧。

（二）捏和塑的区别

初学者要学好手捏戏文，首先要弄清楚捏与塑二者之间的区别，和它们之间的关系，如果概念不清，容易把手捏戏文的基本特色丢掉了。

捏与塑往往是联系在一起的，是不可分割的一个整体。但是，它们之间又有明显的区别，捏是捏，塑是塑。

手捏技法与一般泥塑的区别有两点，一是心手高度配合，分段捏制，一气呵成，成形后不再修改。这跟写毛笔字时落笔后不再修改的道理一样；二是把形象分段组合，动态才能灵活自然。清代顾禄在《桐桥倚棹录》中说到苏州《虎丘捏像》，说捏得妙处来自两指工夫，在一按一捺中体现功力，我看是一语道破了机关。一般的泥塑是先捏一个粗略的体形，在此基础上采用加减法，从粗到细逐步调整，逐步完成。手捏戏文主要是手上工夫，靠的是手指高度熟练的技巧。

（三）坯与色[1]要统一

手捏戏文是彩塑泥人，离不开彩绘。“三分塑，七分彩”、“低坯高画”都是流行在惠山泥人界的名言，是老艺人经验的总结，足见艺人们对彩绘的重视程度。不过，我们要正确理解这两句话，这是在强调彩绘时说的话，并不是说泥坯就不重要了，就可以马虎了。试想，如果泥坯真是毛病百出，那么再好的彩绘高手也会束手无策。彩塑的彩和塑是不可分割的，是紧密结合的一个整体。捏坯要利于彩绘，彩绘要弥补泥坯的不足。在捏坯时要考虑一套戏文的基调，色彩的布局，轻色与重色的关系。哪些体面要绘图案，哪些地方可以少画，都要心中有数。在捏坯时要有意识地把需要细画的地方捏成大块面；把不画图案的地方加强深度，造成更多的层次。处理人物动态时要注意泥人右手的动作不能太靠近脸部，否则，开相时执笔的手腕容易被泥人的手挡住，有碍开相的流畅，也不利于画眼神。因此，泥人的手足不仅要符合剧情的需要，又要便于彩绘。

二、泥土与工具

（一）泥的选择、加工与保管

喻湘涟：手捏戏文体积比较小，一般在四五寸左右，造型灵巧，用泥比一般泥塑的用泥要讲究。泥的质量不好就会影响手捏戏文的艺术效果和制作速度。

王连海：有一种说法，因为无锡有好泥，才造就了惠山泥人。

喻湘涟：这个是的，我现在没有碰到第二个地方有这么好的泥巴。我们这里不用澄浆。这里的泥不是用完了，而是造房子造完了！破坏掉的。该保护的都没有保护，房子一造，楼房盖住了泥，你就拿不到这个泥了。

惠山出泥人，有优越的自然条件，这里有优良的黑色黏土，可塑性特别强，黏性、韧性融为一体，十分适合捏泥人，真是得天独厚。惠山附近都有这种黏土，当地农民叫“滋泥”。过去有一种说法：惠山有18亩罗汉田，田中有仙气，挖下三锹就可见乌黑发亮的滋泥，这泥有一种诱人的香味。还说，乾隆皇帝曾经敕封这18亩田为“惠水田”。只有惠山的泥才能捏泥人，其他地方的泥就不能用。种种传说给惠山黏土蒙上了一层神秘的色彩，无锡有那么好的土地，有那么好的土质，为手捏泥人创造了条件。

鉴定泥土的方法有以下几种：

① 鉴定泥的黏性、韧性、拉力：把尚未加工的生泥搓成手指粗的泥条，弯成马蹄形，看看它是否出现裂缝。如果有裂缝的话，裂缝轻的可用，裂缝大的就不能用了，没有裂缝有光泽的泥最适合做泥人。

② 鉴别泥料杂质含量：一种办法是把取来的生泥放在玻璃板上，用刀把泥刮平，就能清楚地显示出杂质的含量。另一种方法是把生泥搓成圆柱体，切一个斜面，从两个斜剖面上就可以看出杂质的含量。

③ 鉴定泥土下塌程度：把生泥搓成相当于筷子粗细的小条，竖立着，看它是否塌沉，以不塌沉的为最好。

经过鉴定挑选的黏土，还需进行加工。

我们以前老的手法是很讲究的，新开采出来的泥、没有打过的泥、没有伏过的泥都算是生泥。泥巴在地里的时候，上面不是种菜种稻嘛，把上面的泥巴拿掉，三尺以下的泥才能拿来做泥人。开采出来的泥拿到家里，把它堆起来。堆起来以后像坟头，高高的，然后把草包盖上去保湿。还要经常泼点水上去，不能让草包干掉，这叫“伏泥”。我是按无锡话发音的，也不知道对不对，就是“大伏天”的“伏”。地里的泥土不是有碱性吗？碱慢慢往上跑，就跑到草包上去了，跑掉一些碱，就算是伏一伏、醒一醒，行话叫“褪火气”，一般“伏”半年就可以用了。今年开采的泥巴要到明年用，要用隔年的伏泥，我们无锡话讲就是“隔年拿泥”。“伏泥”有几个作用：褪过火气的泥做出的泥人脸面滋润，动态不易变形，形体不易裂缝。这就是我们对泥的前期保管，是从“生泥”到“熟泥”的一个过程。

更生：老让草包保持潮湿吗？

喻湘涟：对！如果看它干掉了，就去泼泼水。不管是谁，都有这个责任，过去泼泼水。这是很自然的一个动作，不用当成思想负担的。有时候做泥人做累了，站起来休息一下，就去看一看，顺便泼一点水，这就是泥的保管。泥在缸里伏好以后，什么时候做泥人什么时候去拿，拿来以后还是要打，还要揉。

打泥也是很讲究的，我们以前都把泥放在青石板上打，用一个那么大那么宽的榔头夯，榔头打在泥巴上，石头会把泥巴挤出来。一下一下挨着打，打过去，再打回来，最少要打三遍，把泥打得发亮，好像有油一样。然后再拿出来揉，揉好以后，要有一个大缸，就是能放三担水的大缸，把揉好的泥巴一团一团地放在里边，上面再蒙住。以前没有塑料袋，都用粗布，或者用草编成的袋袋，往上盖好。

打泥有三点要注意。一是打泥之前，青石板要扫干净，再用水冲洗一下，避免杂质混入泥土。如果泥土中混有杂质，做好泥坯，等泥坯干燥后，就会翘裂，根本没法修补，作品只能报废，因此必须避免杂质混在泥土中。二是打泥时要把泥打穿，打到看见青石板为止。还要打匀，把硬块和杂质拣出来。三是碰到黏性特别强的泥时，木榔头打下去会被泥土黏住，提不起来。这时，只要旋转一下木榔头就能顺利提起来。有条件的情况下也可以用轧泥机搅拌泥土，搅拌后的泥仍需用木榔头复打，这样可以省一半力气。打好的泥都要揉，反复揉3到4次，泥就会逐步滋润起来。正式动手捏坯时，还要再揉，揉到泥土发亮为止，这叫"揉透"。

喻湘涟在揉泥

喻湘涟说，泥一定要"揉透"

揉好的熟泥

怎样掌握泥土的软硬干湿呢？一般以不粘手为好，行话叫"爽手"。手捏技巧熟练的人，爱用偏硬的泥，操作时顺手，泥坯干后不走样。初学的人用软一些的泥比较好，手中有火气，体温会使泥土中的水分蒸发掉，干得比较快。初学的人捏制的速度慢，会使泥坯干燥变硬，出现裂缝。

现在保管泥的方法是用塑料袋包裹

其实，只要泥土的黏性强、韧性好、无杂质、不下塌，都可以用来捏泥人。不少地方都有好黏土，只是称呼不一，如苏州称"油泥"，山东称"胶泥"，陕西称"观音土"。泥土的颜色也不统一，北方的偏黄，南方的偏黑。总之，泥的含沙量越大，越容易断裂。如果泥土质量不好，在捏坯时会出现种种问题，比如断开、裂缝、变形、高低不平，又会直接影响到捏制的速度，还会给彩绘工序带来不必要的麻烦，严重影响艺术效果。

（二）捏坯的工具

喻湘涟：工具可以分为两类，一类是自制的：挖子、笃板、钢丝弓、竹签、印花挖子。另一类是现成的（买的）：大小剪刀、毛笔、水盂、长方刀、老虎钳、盖布等。一般有8个工具就差不多了，很简单的。手捏戏文的工具有些是买不到的。老师傅说："会做工具了，技术也就学到手了。"有经验的师傅，都会根据实际需要设计工具的大小、厚薄、长短、方圆。古人说"工欲善其事，必先利其器"，工具做得好，使用顺手，艺术效果就好，效率就高。

譬如像这个"笃板"，可以用竹子做，可以用黄杨木做，也可以用象牙做，用牛角做，都可以。但是我们用来用去呢，还是觉得黄杨跟牛角最好。因为黄杨的木质细腻，硬，有分量，而且不大粘泥。那么像象牙就粘泥粘得很厉害。我们当学生时，工具都是自己做。

"笃板"是敲泥巴用的，也是整形用的。泥坯做到一定程度时，泥是推不动的，就靠这个笃板打，把它挖出来。这个是主要工具，少了它是不行的。有时候拍泥皮要拍薄一点，拍平整一点，就需要用笃板拍。还有体积太厚了，可以拍薄，这就是笃板的作用。这个小一点的工具是"挖子"，有各式各样的挖子。我是按照"挖子一"、"挖子二"、"挖子三"给它们编号。土话统称"挖子"。在"挖子"中，还有刻有花纹的，是拉头发用的。可以叫印花挖子。

王连海：这个"挖子"的"挖"[2]是哪个"格"？

喻湘涟：我写的就是木字旁那个"格"。有的老师说不对，又写了个"挖"字。反正是我们的土语嘛。

自制工具的材料用黄杨木，找不到黄杨木，用竹子也行，只要厚度达到0.7厘米就可以用。还需要准备一些钢丝，没有钢丝

打泥用的木锤

手捏戏文最重要的工具——笃板

笃板和铁刀

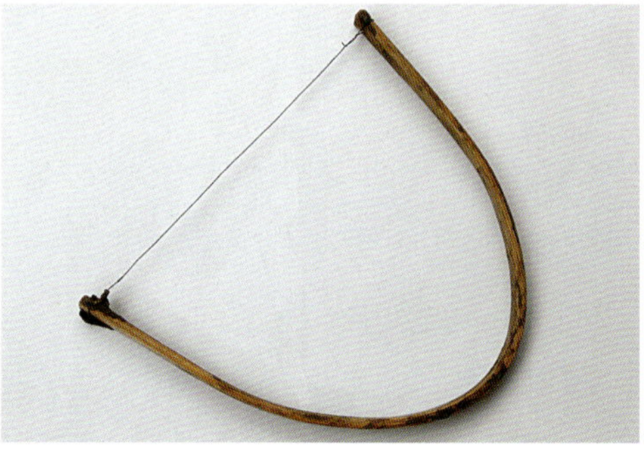

用于割泥的弓子

各种规格的挖子

用铁丝或铜丝也可以。

制作抡子和钢丝弓：先开料，把整块的黄杨木原木用锯子锯成大小不一的方形。制作笃板用料尺寸是28 × 4 × 1.5厘米；制作抡子一般开成17 × 1.5 × 0.7或者14 × 1.5 × 1厘米。大小可以根据自己的需要确定。开好的料叫“坯木”。先用斜凿刀把坯木削成毛坯，再用锉刀挫出大体形状。粗坯做好后，用玻璃或平锉加工细活。基本定型以后，再用0号的细砂纸磨光，最好用水磨。最后用牙膏擦磨，磨到发亮为止。

制作钢丝弓是把长25厘米的竹片削光，弯成弓形，用钢丝做弓弦。

做抡子要掌握三点：一是不宜过长，过长会在使用时左右摇动，不能随心所欲；也不宜过短，短了拿在手里不着力；一般在15厘米左右比较适度。二是抡子不宜扁平，扁平的工具使用起来不顺手，而且线条呆板，缺乏变化。三是做抡子要注意形状变化的部位在两端，中间要保持成圆形，当然扁圆形的也可以。圆形的特点是在手中能随意转动，运用自如。两头的形状不同，功能也不相同。

工具的用途：

① 长抡子，用来制作四五寸的手捏戏文。尖圆形的一端用来打颈洞，另一端用来抡衣纹。小抡子用来做脸的细部，使脸部更光滑。

② 笃板用来整形。

③ 竹签，用来打洞，以便后道工序安装配件。大头用来打大洞，小头用来打小洞。

④ 弓子，用来切割底座、靴子和泥皮子。

⑤ 剪刀，大剪刀长18厘米左右，用来剪铝皮制作附件；小剪刀主要用来剪泥人的手指。

⑥ 大楷笔，在泥人不光滑的地方用湿笔掸光。

⑦ 方刀，用来修整戏文底座和削竹片，制作小附件。

⑧ 水盂是盛水器，捏泥人时常常需要蘸水掠光。凡是要贴泥片的地方，都要抹水，所以水盂是不可少的工具之一。

⑨ 盖布，用来遮盖泥土，保持泥的湿度。

⑩ 钳子，用来截断铅丝，制作脚棒。

常用工具组合

挖子可以用于刻印花纹

喻湘涟的工具盒

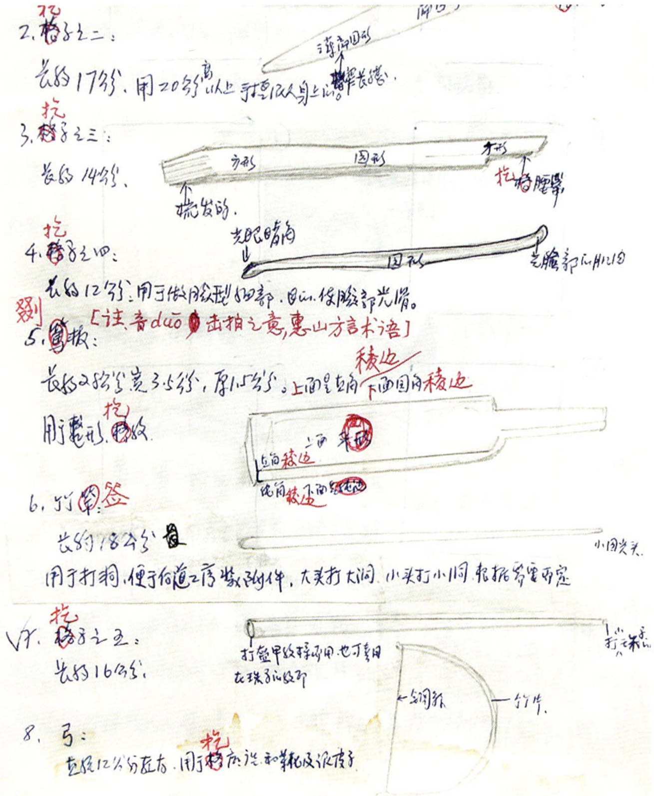

喻湘涟手绘工具图之一

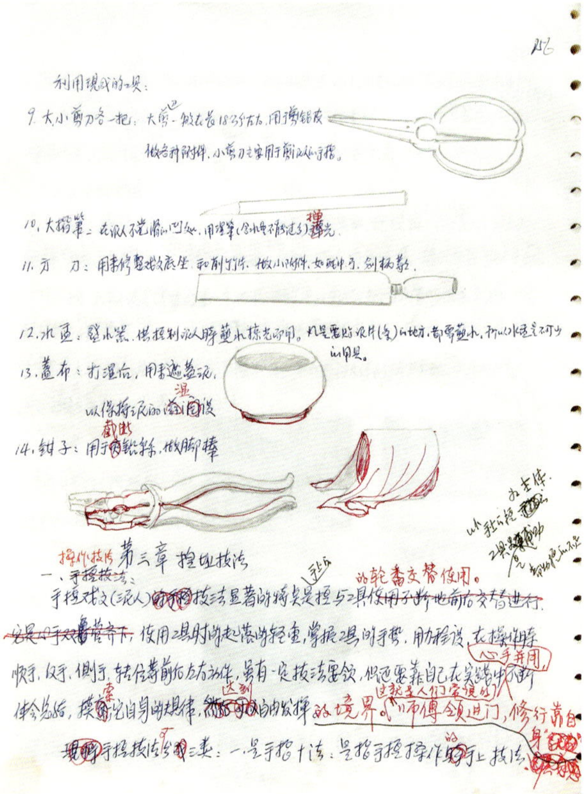

喻湘涟手绘工具图之二

三、手捏戏文十八法

喻湘涟：手捏戏文的技法不完全是手捏，经常是手捏与工具轮番交替进行。手捏时的顺手、反手、侧手、转位动作，使用工具时的起落轻重，都要靠在实践中不断体会、不断总结、摸索规律，达到运用自如的程度。手捏戏文技法分三类：一是手指十法，二是使用工具法，三是辅助技法。我们统称手捏戏文十八法，其实不止十八法，有将近30种。我在总结的过程中，为了容易记住、便于流传，简称“十八法”。我就把主要的手法演示一下。

（一）手指十法

（1）搓。搓泥的动作是用右手手心压住泥，轻轻前后滚动，把泥搓成圆柱状，用力不能过重，过重泥条就圆不起来，横截面会成椭圆形。行话说，搓泥要用“软硬功”。搓泥是成型的第一步，搓泥时，手心必须把一个大体形状搓出来，例如做腿的泥料，必须搓成一头大一头小的圆柱体；小头捏小腿，大头捏大腿。搓泥时要掌握大小比例，尽力达到预想程度。大体形搓出来以后，不能再为修整比例误差而加泥减泥。

手捏戏文十八法：搓之一

手捏戏文十八法：搓之二

（2）捏。捏的方法很多，在这里说的捏仅仅是用拇指和食指的技巧，这是捏制戏文的重要方法。手捏应是心手相应，随意又有意，灵活性很大。左手拿泥，右手的大拇指与食指用微力拈动，一边捏一边变化手势，全靠手指的工夫。内部结构、外形穿戴、块面大小、高低起伏、人物动态、形体美感、衣纹质感都要表达出来，这就要求作者“成竹在胸”、“巧手妙用”。

手捏戏文十八法：捏之一

手捏戏文十八法：捏之二

手捏戏文十八法：捏之三

（3）拍。拍的动作是，用右手的掌根部位在泥条上按顺序拍击，拍成里厚外薄或下薄上厚的泥皮。泥皮越薄，捏成衣服的质感越强，看上去越飘逸。泥皮子的用处很广，大袍、裙边、袖口、领子都是用泥皮子做成的。里厚外薄是为了增加牢固度。拍皮子时，还需要根据泥人动态的方向来拍，这样捏成的衣纹自然而不生硬。

手捏戏文十八法：拍

拍出的泥皮

（4）包。包是把泥皮子包裹到躯干上，像包袍子、包袖子、包裤口，都叫包。要注意一点，皮子薄的一边要包在外边或下边，皮子厚的一边放在里边或上边，这样才能既好看又牢固。包好后，在下一步的操作中要当心，不要碰出口子，一定要保护边缘的完整。在这里顺便提醒一下，左手拿泥人身段时，要避免一把抓，应该用左手拇指、食指、中指悬空拿住，这样，手和泥人的接触面积就小，不会碰伤口子。

手捏戏文十八法：包之一

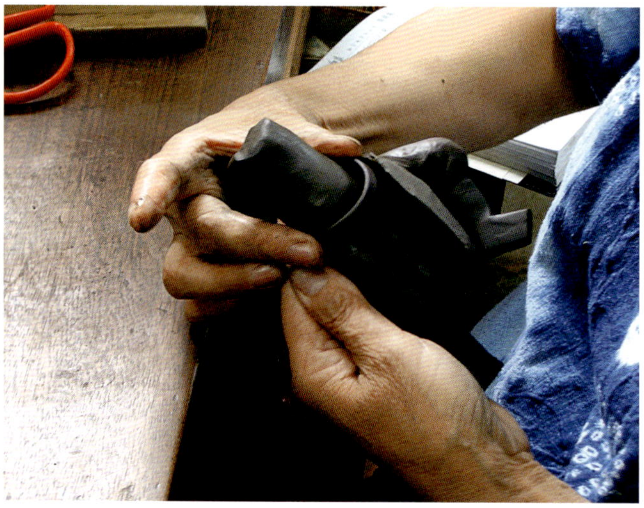
手捏戏文十八法：包之二

（5）推。推是把包好的泥皮子用大拇指侧面往上推，把身段基本形推出来。在推的时候，要注意身段的结构，注意髋部、腰部、胸部三处的关系。如果是旦角，要在腰部做出必要的交代。在推上肢时，注意衣纹的虚实关系，注意手臂各个关节的比例和结构。

（6）镶。是把做好的各部分镶接在一起。一种是拼合，例如两条腿合并后中间用搓好的泥条镶接，使两腿站稳。另一种是接，将上臂接到肩部。先用食指在身段肩部按捺一个小洞，然后把上臂接上去。镶接时要注意各个关节的连贯性，行话叫"贯气"，就是这个意思。

手捏戏文十八法：推

手捏戏文十八法：镶之一

手捏戏文十八法：镶之二

（7）贴。是把衣服的附件贴到衣服上去，例如贴护领、贴腰带。摘一小块泥，搓成泥条，捏成泥片，剪成需要的长度和形状，贴到需要的地方。贴之前，先用毛笔掸一点水，贴后用笃板轻轻压一压，干后就不会翘裂。

（8）扳。是调整人物动作的特殊手段。首先要构思，意在手先，在关节部位用巧劲扳出预想的动

手捏戏文十八法：贴

态，人物架势就自然生动。扳是随意性的技巧，捏武将拉功架时，用得最多。初学者在扳时要注意左手拿泥人的手势，手心要悬空，避免碰坏已经捏好的形象。

手捏戏文十八法：扳之一

手捏戏文十八法：扳之二

（9）捻。也是手捏的基本动作，大都用在做小附件上。有两种捻法，一是用食指、中指、大拇指三个指头把小泥块来回捻动，捻成一个小泥球。二是用大拇指和食指捏住小泥块在指头上左右转动捻成耳坠或小花蕾。

（10）捋。手捏戏文是要上色的，因此要求泥坯平整光洁，捋的方法就是为了达到这个目的。用食指先在水盂里蘸点水，与拇指碰一下，调节一下水的分量，然后用略微带水的大拇指轻轻地顺着泥人的表面捋过去。在捋的过程中，必须注意保护已经做好的人体结构，还要兼顾衣纹的质感。掠过的地方光滑平整，更显得滋润。

（二）使用工具法

（1）敲。用笃板敲拍大块面的形体。在敲拍之前，对泥人的形体要做到心中有数，敲拍时既有大的动态，又要有整体的感觉。在敲拍过程中用力应先轻后重，形体不到位时，逐步加重敲拍的力度，直到满意为止。

手捏戏文十八法：敲之一

手捏戏文十八法：敲之二

（2）滚。用笃板在泥人的弧形体面上顺势来回滚压，使表面平整。滚的目的是解决面上不平整的问题。

手捏戏文十八法：滚之一

手捏戏文十八法：滚之二

（3）戳。行话叫打眼，或叫打洞。扦子或竹签在需要安装附件的地方戳个孔，以便后道工序能顺利地把附件装上去。戳孔时，必须注意洞眼要比附件略微大一点，因为泥坯晾干后要收缩，收缩后会变小。

手捏戏文十八法：戳之一

手捏戏文十八法：戳之二

（4）抡。用抡子压出衣纹来。以短线条为主，也可以用笃板抡出衣纹。多用在直身袍服、裙纹上。用笃板抡出的衣纹线条比较硬，装饰效果好。

手捏戏文十八法：抡之一

手捏戏文十八法：抡之二

（5）拉。拉是做长线条衣纹的方法。用抡子在需要做衣纹的地方着泥，用力往上提，顺势拉出一条长线条或弧线条，这种线条非常流畅。

（6）剪。泥人的手指是用剪刀剪出来的。在分指时，要懂得手指的动态与结构，动作要准确果断。剪泥皮子时，对皮子的长短、宽窄、大小都要心中有数，避免返工。

手捏戏文十八法：剪之一

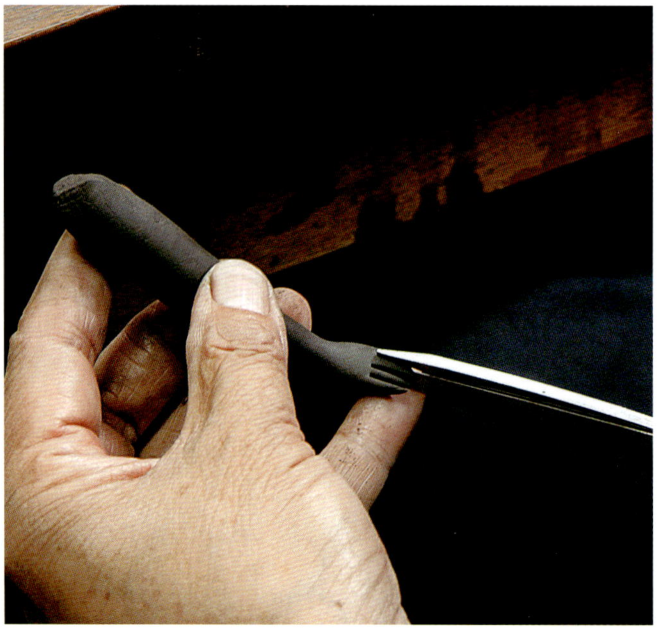

手捏戏文十八法：剪之二

（三）辅助技法

（1）揉。就是揉泥。左手心压在右手背上，同时右手腕将泥压下，再用手指扳动泥块，上下翻动，不断揉压，动作要连贯，跟做饭时揉面粉的动作一样。揉泥的目的是使泥料滋润，捏起来爽快。

（2）摘：用右手大拇指把泥向里推，其他四指扶着泥接应大拇指，共同把推过去的泥取下来。这样摘泥能让手指保持干净。不会摘泥的人，是用手抓泥，四指全粘上泥巴，操作起来很难顺手。摘泥多少，要心中有数，多了不好，少了不够。摘泥虽然是一个起手动作，却关系到下一步工序能否顺利进行。

手捏戏文十八法：揉

手捏戏文十八法：摘

（3）印：用头模印出头形。先把头模准备好，摘一块大小合适的泥，揉成陀螺状，让陀螺的尖对准头模的鼻子，按在头模里。大拇指往下压，然后再按顺序压，压的目的是把脸部印清楚。印的技法还包括用各种小模具印制小配件，例如纱帽翅、小元宝、刀头、小道具之类的小配件。

手捏戏文十八法：印之一，让陀螺的尖对准头模的鼻尖

（4）捺：在需要加泥的地方，加泥之后要捺紧。比如：印

手捏戏文十八法：印之二，大拇指往下压

手捏戏文十八法：印之三，压的目的是把脸印清楚

手捏戏文十八法：印之四，出模

头角[3]时后脑需要加泥，就必须捺紧，以免干后脱模，出现裂缝。

（5）挑：用右手食指把衣角部位挑起来，增加衣服的动感。

以上是捏制操作最基本的手法。捏制技艺远远不止这些内容，有些手法是实践中逐渐形成的，“熟能生巧”，“妙手偶得”，有偶然也有必然，只要努力是能做到的。

手捏戏文十八法：挑

四、造型程序与方法

（一）准备阶段：

喻湘涟：在正式捏制之前必须做好以下准备工作：

（1）揉泥：把伏过的泥取来再加工，反复揉，一直揉到滋润为止。揉好后搓成上小下大的圆柱体，然后用塑料袋装好，再用湿布包起来，备用。经常用的泥，用湿布围上 2/3，1/3 露在外面。泥团要放在右手边，这样顺手，既稳当又方便。

（2）脚棒：脚棒是戳在泥人脚底心里的一根

做脚棒

立柱杆。脚棒可以用铅丝做，也可以用竹签做，粗细根据作品大小决定，一般4寸、5寸高的泥人用16号铅丝，18厘米左右的泥人用14号或12号铅丝。如果是一条腿站立的泥人，脚棒的一端要弯一个倒钩形，以防转动。

（3）底座：泥人站立的那块泥底板，行话叫“座子”。座子造型必须根据作品整体构图而定，可方、可圆、可随意。做人物之前先把座子做好，最好是提前一天做好，晾干后可以增加底座的硬度，人物插在泥底板上，才不容易变动位置或跌倒。

做底座之一

做底座之二

做底座之三

（二）关于脸形的一些基本知识

“手捏戏文”十分重视神态的刻画，老师傅们常说 “头要紧”。这句话有两层意思：一是说刻画神态“头要紧”，也就是第一要紧；二是说头部是传神的主要部位，所以要着重刻画头部。面孔是人的表情最丰富的部位，喜、怒、哀、乐、羞、媚、骄、痴、急、气、怨、恨、恐各种表情都要通过脸面显露出来。老艺人们根据丰富的实践经验，总结了一些谱式，叫做“脸分八格”，也就是人头的外形有“田、由、国、用、目、甲、风、申”8种字格。

田字脸：扁而方正，多用来表现大花脸。

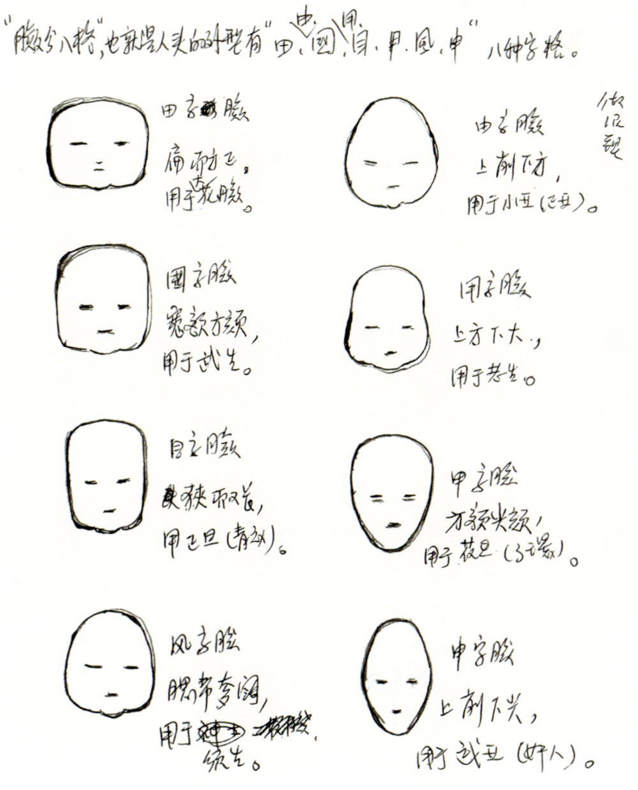

喻湘涟画的各种脸形示意图

由字脸：上削下方，多用来表现小丑（正丑）。

国字脸：宽额方颏，多用来表现武生。

用字脸：上方下大，多用来表现老生。

目字脸：狭而又长，多用来表现正旦（青衣）。

甲字脸：方额尖颏，多用来表现花旦（丫环）。

风字脸：腮帮奢阔，多用来表现须生。

申字脸：上削下尖，多用来表现武丑（奸人）。

眼睛，古人有言“眼为一身之明”，所以眼睛的造型十分重要，要因人而异。

丹凤眼：长而俊秀，多用来表现花旦、刀马旦。

老鼠眼：小而凸出，多用来表现瘦丑、奸人。

长蛇眼：凶险阴森，多用来表现奸臣、师爷。

羊白眼：凸而少神，多用来表现胖丑、杂。

斗鸡眼：眼珠相斗，多用来表现恶仆、瘦丑。

老牛眼：大而无光，多用来表现愚蠢人物。

金鱼眼：眼凸暴出，多用来表现老生。

老虎眼：大而有神，多用来表现大脸（小生）。

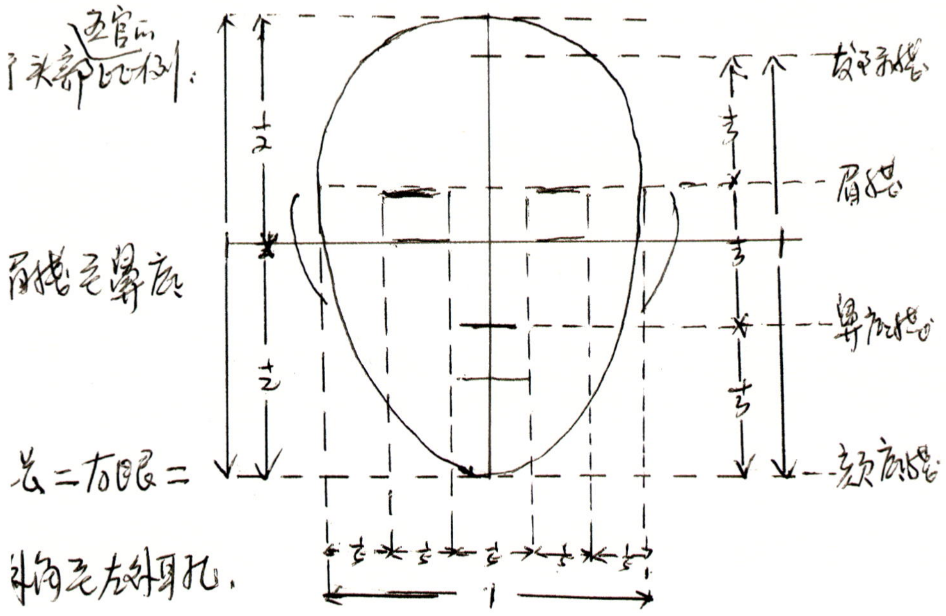

脸的各部位比例关系示意图

鼻子按传统说法为五官之首，也叫中岳。鼻子对人物性格的刻画、形象美丑也有很重要的作用。

悬胆鼻：匀称秀美，多用来表现小旦、小生。

狮子鼻：挺直威武，多用来表现花脸、武将。

鹰钩鼻：内弯阴险，多用来表现奸臣，鬼怪。

朝天鼻：鼻孔向上，多用来表现恶仆、瘦丑。

马鞍鼻：鼻梁塌弯，多用来表现丑官。

桥形鼻：鼻梁隆起，多用来表现武生。

蒜头鼻：鼻垂翼圆大，多用来表现武将。

酒糟鼻：鼻翼大而发红，多用来表现糊涂虫角色。

烟筒鼻：鼻身粗直，多用来表现老生，武生等。

嘴是喜怒哀乐直接表现的部位，动作微妙，刻画人物性格不可忽视。嘴的造型也是多种多样：

樱桃嘴：红润可爱，多用来表现旦角。

元宝嘴：宽而厚实，多用来表现小生（大脸）。

菱角嘴：小而收敛，多用来表现青衣。

弯弓嘴：状如横弓，多用来表现武生。

鲶鱼嘴：上厚下薄，多用来表现大脸。

八戒嘴：厚唇高翘，多用来表现丑角。

畚箕嘴：下唇高于上唇，多用来表现老生。

“眉飞色舞”这句成语说明了眉毛与表情的紧密关系，眉毛式样也不少。

柳叶眉：弯而细，形如杨柳叶，多用来表现少妇。

卧蚕眉：眉形如一蚕卧着，多用来表现中年男子。

散眉：眉短而稀，多用来表现小孩。

倒八字：眉形八字式，多用来表现坏人反角。

剑眉：眉形从粗到细，形状如剑，多用来表现武生。

寿眉：长眉毛，多用来表现老生。

掃帚眉：眉形如掃帚，多用来表现大脸。

一字眉：眉状平细，多用来表现老旦。

以上所讲的只是一些基本常识，一些范式的常例，各种人物的模样千变万化，捏制时不能生搬硬套，只能灵活应用，举一反三。

（三）塑造脸形的基本方法

喻湘涟：老艺人说“相活戏才活”，意思是只有把泥人的面部表情刻画生动，才能生动地表现戏文。做脸形要注意微妙的变化。“手捏戏文”作为艺术品，需要小批量复制，为了使产品保持统一的规格，需要捏出一批生、旦、净、末、丑各种行当的头形，然后翻出头模，印制泥头。这样既节约了时间，又可以保持作品的系列化。这种头形只是一种基本形象，在加工过程中，还要根据创作的具体形象和性格修改。如果做单件的人物，那就不必翻模了。

制作头形：

在捏制之前，先说一下关于头部五官的比例，传统有“三停五眼”之说。

三停：发际线至眉线，二眉线至鼻底线，鼻底线至颏底线，平均分成三等份，就是三停。

五眼：右外耳孔至右外眼角之长等于右眼之长，等于两眼间的距离，又等于左眼之长，还等于左眼外角至左外耳孔之长。

眼在头部1/2的地方，眼长等于两眼间的距离，又等于鼻宽。这是一般比例，但特殊的脸形不受这种限制，可以根据需要自由地夸张变化。

具体捏法如下：

（1）捏外形：先搓一个泥的圆柱体，拿掉下颏以下的泥，留下颈部的泥。然后给后脑加泥，这样就把头部的大体外形捏出来了。

（2）定位：大体头形捏出之后，用双拇指定位。惠山行话说，“横捺眼，竖留鼻，下压嘴，后加耳”。意思是说，用拇指在头的1/2处确定眼睛的位置，成人的眼睛线在整个头1/2的地方。小孩的眼睛在1/2以下，眉毛约在1/2处。不能把小孩的眉毛线捏到1/2上，这样就显老，孩子不像孩子了。

（3）细做：脸部五官的大致位置确定以后，进入细做。我们捏的是戏文，就要熟悉戏文，我国的古典戏曲反映的是古代生活，但也有现实意义。很多好戏艺术性很强，演出时往往情满舞台，情满剧场，情入人心。我们就要选准特定情节，抓住角色的精彩表演，用捏塑的技艺再现出来，达到再创造的新高度。我们在捏制的时候，不论捏一个头部，捏一个身段，捏一条裤腿或捏一个手指，心中都要装着这一特定情节的整个场面，这样捏制出来的戏文，“戏就活了”。要把你头脑中贮存的每一个角色，都活灵活现地表现出来，就必须对每一细微处都精益求精。眼睛的起伏、过渡一定要保持浑圆的造型，不能出现锐角。面部要光洁平整，不能有使用工具的痕迹，这样才能有利于上彩时用笔流畅。

① 眼：眼睛是“心灵之窗”，惠山老艺人创造了“眼重神”的捏法，意思是说在细做时要精心细致地塑好眼睛，为开相打好基础。

② 鼻：鼻要正，不能歪斜，反面角色例外。鼻子捏塑得正而挺，会使人感到正气凛然。

③ 嘴："嘴塑清"，嘴是脸部的一个活动部位，对喜、怒、哀、乐等表情起着重要作用。在塑型的时候，要把这些表情清楚地表现出来。老艺人有个口诀"若要笑，嘴角往上翘；若要哭，张嘴下撇缩；若要怒，两唇如闭户；若要静，嘴唇松而平"。在塑嘴的时候要牢记这些要领。

④ 整形做光：做光的目的是使脸部光润、平整，为上色开相打好基础。

脸形做光的总体要求是：五官部位要放准，轮廓交代要浑圆，平整光滑是基础，开相画嘴来传神。

细做结束后，就可进入下一道翻制模子的工序了。

（四）翻制头形模子

喻湘涟：翻模的方法有两种：过去老法翻的模子是经过烧结的。先用泥捏原形作底，再用泥磕出一个阴模。把模子阴干之后，放在灶塘里，利用烧饭后的余热烧结而成。放7天之后，把阴模取出就可用了。现在翻模是用石膏粉做原料，操作简单、成型快。

翻制石膏模子的泥坯如果是湿的，很容易出模。如果原样是干的，必须涂一层清油，防止粘连。先拍一块蛋形的泥皮，厚约1厘米，把原样放在中心，周围留1厘米左右的泥边，其余部分都去掉。用玻璃板作底板也可以。这叫"垫泥底"。

泥底垫好后，开始围边，把泥搓成泥条，拍成一边厚一边薄的泥皮，厚边朝下，薄边朝上围起来，围边的形状就是模具的外形。

以上的准备工作完成后，就开始调粉，先往石膏粉里加点水，紧接着用筷子搅拌，水不够时，再加一点水。搅拌的速度要快，因为石膏粉凝固时间只有3到5分钟。把调匀的石膏浆倒入泥圈里，盖满脸形一薄层，接着用嘴对准薄层石膏粉用力吹气，这样就没有气泡了。再把泥垫板拿起来轻轻摇动，或者用拳头在桌上敲敲，让石膏粉走到每一个凹处。紧接着把剩下的石膏粉浇满一直到边口，再一次轻轻敲振桌子。

把浇制的模型晾一会，等石膏粉凝固，有热气冒出来后，略微冷却一点就可以脱模，把泥坯取出来。石膏头模就浇制完了。

模型脱出后，还要整理，把内边口修齐，形成外斜角度，这样在印坯时泥头角容易出模。检查一下模子里有没有倒钩，如果有倒钩就用小刀削掉。但是要留心，不要碰伤模子。这就是制模子的具体操作过程，总共包括：倒、吹、摇、振、脱、削六项。有了这种头模，就可以用它翻印出人物的头形了。

头形模子

用于印制头形的石膏模子

用于印制头形的陶模子

（五）“改头角”

“改头角”是印出头角，再加工成需要的角色头角。“改头角”分为印头和装扮两大部分。

（1）印头的程序和方法

将泥团搓成陀螺状。把陀螺的尖处对准模型的鼻尖上。拇指用力将泥压挤下去，拇指压到底为止，这样压出的泥坯连细节都清晰，接着把后脑的泥加上，并用大拇指把后脑的形状捏出来。后脑成形以后，轻轻左右摇动，往外取出，但注意不能硬取，要用巧劲，不然，会出现扭曲。

印头形之前先把泥捏成陀螺形

用模子印制头形

印好的头形出模

去掉多余的泥

捋光表面

（2）装扮的方法及程序

泥头取出后，就得动手装扮了。根据你需要的戏中的行当角色，修改脸形细微处，然后把角色头部上的装饰，通过捏、贴、扢、装等手法，一样一样做到头上去。

这里要强调一点：手捏戏文来源于舞台，但又不同于舞台。来源于舞台是指捏制的是戏文，塑造的是舞台形象；但是，要比舞台上的形象更夸张，或者更简明，应该去掉一些无关紧要的东西，这是艺术上的再创造。比如说：猪八戒的大肚子，舞台上演这种角色，就得装假的，而手捏泥人却可以捏成像真的一样。

泥人的服饰对表明角色的身份十分重要，生、旦、净、丑这四大行当的服饰，是由历代戏曲行家以古代服饰资料为依据，加以提炼、升华、夸张、美化而成的。我们手捏戏文一定要很好地学习、研究，才能有助于表现角色的个性。

现在先说改头最重要的工序"扎巾线"。扎巾线就是帽沿线，它的高低部位要定得准确，不然一开始便会破坏形象的神态。例如净脸要表现威武有力，扎巾线要到头顶。丑角头角的具体做法如下：

① 把用模子印出来的净脸用拇指推掉边线，用笃板敲拍平整。

② 用扦板在头部把扎巾线扦出来。搓泥条拍成泥皮，包出头盔。

做耳朵

整形

用扦子把扎巾线扦出来

③ 接着装帽盔。把泥搓成两头尖中间粗的泥条，拍成下厚上薄的泥皮子，把厚边放在扎巾处，然后用笃板轻轻顺势滚压，这样使帽盔在头上伏贴，干后不易裂缝。

④ 印盔纹：用印纹扦板把盔纹印出来，再用2号扦板将盔帽外沿纹压出来。

⑤ 装帽顶的附件，先用剪刀把帽顶旁边的帽翅剪好，再将帽顶子的小球装在打好的小洞里。

⑥ 装泥球：泥人头上的泥球代表戏装中的绒球。先插铜丝，再把捻好的泥球装上。

⑦ 打洞：用竹签打洞，这些洞眼是留着彩绘之后装銮用的。用扦板扦胡须洞眼，这些洞眼是最后装胡须用的。这样，附件就装好了。

戳洞安装帽正

用铜丝制做纱帽翅的弹簧

做好的纱帽翅

改头角用的各种纱帽翅

改头角用的各种泥绒球

把纱帽翅装在帽子上

改好头角的丑角头形

改好头角的生角头形

上述丑角头盔的具体做法是有代表性的，也适用于其他头盔，如凤翅盔、双雉盔、帅盔等。丑角大多数是反面角色，脸相往往是丑陋、滑稽、可笑的，甚至嘴歪眼斜，五官不正。不论是文丑，还是武丑，帽沿线一般压得很低（低于发际线），再把后脑做成外露状的，丑角的特色就鲜明了。例如《贵妃醉酒》中的高力士，属于反面丑角，那种献媚的奴才相要表现出来。还有《七品芝麻官》中的唐成是正丑，他的帽沿线就要比反丑略高，但不能越过发际线，只能底于发际线。这样才能使人感到在幽默滑稽中内含着正气。丑角的改头角做法与下面“生帽”做法是相同的，有时要加一对帽翅。

生角的帽沿线（扎巾）应按正常戴帽部位来处理，高了好像秃头，很难看，低了显得没有精神。以《西厢记》中小生张生头角为例，具体做法及程序如下：

① 用生角头模印出泥坯头。

② 先去掉多余的泥，然后用挖子在发际处挖扎巾线，这是关键的一步，头角改得成功与否，有一半取决于此。

③ 搓泥条，拍泥皮，把泥皮包在扎巾线处，包时一定要捏紧，以免干后脱壳。

④ 推泥，把张生帽推出大体形状。

⑤ 把帽子形状整完后，用笃板滚平。

⑥ 用笃板敲拍帽顶的形状，再加装饰品。

⑦ 装耳朵：捻泥条，把泥条紧贴在眼角旁，与鼻子保持平行。用挖子挖出耳朵。

张生头角形象就完成了。

喻湘涟：老生头角的做法基本相同，只是形状不同而已。另外还要加胡须，用竹签在左右耳前各打一个洞眼，再在上嘴唇处用挖子挖出凹陷，便于上完彩后装胡须。

旦角的头角改法和需要注意的问题：装扮旦角的要点是贴片。贴片是解决脸部外形的关键，在演戏的时候，当演员的脸形不完全符合角色时，就靠贴片来调整脸形，胖的用贴片把腮部多遮掉一些，瘦的把贴片往后移一些留一点腮在外边。给泥人贴片时，要注意两边对称，不要歪斜，不然旦角的装饰美会受到影响。京剧的化装和表演程式处处充满着装饰美，可以说到了完美的地步，我们在改头角时要特别注意这一点。

仕女的形象真是千姿百态，历来都为广大群众所喜爱。这里介绍一下仕女头角的做法及程序。仕女鬓髻变化极多，鬓髻式样能够表明人物身份、时代、动态。对鬓形的要求是：形如黄蛇，美若堆云，变中有理，来去有踪。作示范如下：

① 印一个仕女头。

② 去掉多余的泥，用笃板将脸形整理好，拇指食指蘸点水掠光。然后用挖子把鬓发的顺序理清。

③ 搓成泥条，再根据人物的身份、动态及时代特点做成鬓髻。为了使鬓结弯盘时顺手，泥料略微软些为好，或者往泥里揉进一些丝棉纸，增加牢度，就不易断裂了。

④ 在头上戳一个洞，把鬓髻装进洞内，盘在头上。

⑤ 头上装花：一是为了美化，二是为了增加鬓髻牢度。装花的部位往往是在容易折断的地方。接着做头饰附件，有簪钗、珠花等。

把头饰附件一样一样装上去，这样仕女头角就改好了。

改头角不能忽视颈部的处理：首先要考虑人物头部的动向是正视、侧视、斜视、仰视，还是俯视，处理颈部时要配合一致，这样装头方向就会自然，不会使人感到别扭。

头部装扮（改头角）完毕后，在颈部必须用湿布盖好，不然湿泥硬了以后，到装头时，就生硬了。以上是改头角的基本常识。

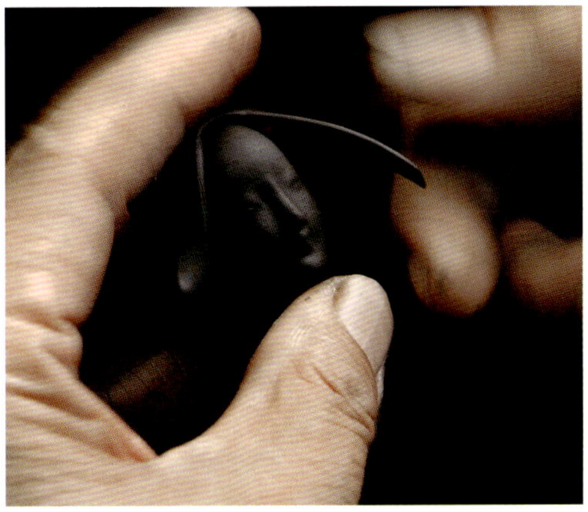

给仕女头形贴上头饰

用扡子扡出头饰纹路

改好的仕女头角

（六）捏段组合

喻湘涟：捏段组合是“手捏戏文”独有的成形法。惠山艺人有捏段组合16字诀：“自下而上，由里到外，分段组合，一气呵成。”这是历代惠山老艺人的经验总结。

自下而上：手捏戏文不同于一般的泥塑从上到下的处理方法，而是从下而上分段捏制。这是由于人的立足点是一双脚，立足点解决了，其他部分就顺理成章了。在捏制过程中，先捏泥脚，再捏上身，待上身成形后，泥脚已经开始晾干，就具有了一定的硬度，这样的泥人能站得住，不易歪斜。还有一点，脚的长度与头的长度相等。在准备阶段把头角改好了，心中对人物脚的大小已经有底了，到起手捏脚时已经是胸有成竹，为意在手先做好了铺垫。

由里到外：是指在成形过程中，一层一层由里到外，按顺序加装衣服，成形后显得衣服合体自然。

分段组合：也就是头部、躯干、腿、脚、手臂分段捏制，然后用镶接方法合成整个人物。分段组合有灵活性和随意性，同时也具有整体的严谨性。分段捏制各个部位时，好像很自由，没有约束，但必须要有一个整体观念。人体的比例，角色的神情，都要同时严格掌握，充分表达。这样分段组合时才能结构严谨，自然流畅。这当然有一定难度，但只要有决心，经过刻苦磨炼，是可以掌握的。

“一气呵成”：手捏戏文虽然是分段组合成形，但是从起手到捏制完成，必须一气到底，一节接一节，一环扣一环，不能中断。如果间断了，就会使作品“走神”，影响作品气韵的完整。这好像练书法，写一个字必须将这个字写完，如果写了半个字就停下来，下次接着写，这个字一定写不好。

要做好手捏戏文，一定要很好地理解、领会、运用这“16字诀”，通过勤学苦练，融会贯通，达到老艺人经常要求的“准”、“顺”二字。“准”就是对每个戏文的情节、角色、表情、动态及呼应关系十分熟悉，脑子里有一本账，出手就“准”。“顺”也就是“熟能生巧”，做得又快又好，得心顺手。

下面按“分段组合”的顺序，分别讲一下捏制和组合的技法。

1. 捏脚（下肢）

脚分光脚和穿鞋的脚。戏曲舞台上的鞋分为靴、鞋两大类。靴可分厚底、薄底、方头3种。穿蟒袍的皇帝、亲王，官衣玉带的文臣，顶盔扎靠的武将和一些自立为王的山寨主都穿厚底靴，厚底靴用黑缎或黑绒面做成，靴筒很长，底很厚，起码1寸，厚的达3寸5分。关羽穿的厚底靴有点特殊，绿缎绣花面，靴头上有老虎头，这是为了突出他的威武，也为了和他所穿的绿蟒袍一致。短打武生如绿林英雄、仗义侠客、捕盗快手等角色都穿薄底靴。一些能征善战的女将、女英雄，如穆桂英、何玉凤穿的都是绣花薄底靴。戏剧中的丑角如蒋干、唐成都穿黑缎面的方头靴。方头靴又叫“朝方”。戏中青衣、花旦、彩旦角色都穿彩鞋，鞋头上有一朵排线做成的花。家奴、老旦穿一般的鞋，和尚穿僧鞋。

下面把靴、鞋、光脚最基本的方法介绍一下，掌握了这些方法，其他各种式样的鞋就都可以做出来了。古人说的“一法通，万法通”就这个道理。

（1）靴：

① 先把一小块泥搓成约3寸的泥条，粗细大约和食指相等，形状是一头粗一头稍细，稍细的一头是小腿，粗的一头是大腿。

② 捏脚：左手托着泥条，稍细的一头朝上，用拇指与食指捻泥团。然后用右手的拇指作垫，食指用力往下捺，把挤出来的泥往凹的地方翻捏成靴后部的雏形，这时有意识地将足跟同时捏出来。

③ 雏形捏出来后，用笃板把靴面敲拍平整，再用笃板滚出后跟。

④ 把靴头和靴底多余的泥切掉，再用笃板轻轻敲拍靴形，显出硬靴的感觉。

⑤ 左右腿捏好后并拢，搓两条小拇指粗的泥条，加放在两腿之间，一定要捺紧，使两腿并拢。

这里介绍的捏靴方法其实包括了直身袍的内部结构。下肢、腹胸的具体做法也是从这里开始的。人物身份不同，靴的形状变化也不同，例如虎头靴或如意靴，可以在靴头加一块形状不同的小泥片。

（2）快靴：快靴特点是薄底，主要靠手上工夫捏出外形。

① 先搓出一根3寸长、食指粗的泥条，两头一粗一细。捏快靴的手势与捏厚底靴是相同的，关键是当食指用力往下捺时，跟着把挤出来的泥翻进凹处，捏形要掌握好泥量，不能太多。

② 粗捏后，对左右脚作一个明确交代，脚背必须里厚外薄，靴头像八字。

③ 掠光后用扢子扢靴底。

④ 两腿合并拢，把动作扳好。

（3）泥人的彩鞋与生活中的鞋子式样相近，唯一不同的是鞋头上多一个彩球或排线花。捏出鞋形后用扢子扢鞋底，扢鞋口，用扢子在鞋头打个洞，然后捻一粒泥球装进去，再用笃板压平。

（4）光脚：介绍具体做法之前，先熟悉一下脚的形体结构。

脚可分5部分：踝部、脚跟、脚背、脚趾、脚底。

脚的形体结构：脚的外形前侧薄平，后侧圆厚。

纵弓：后端高于前端。横弓：内侧高于外侧，外侧着地，内侧悬空。

脚的正面特点：脚内侧垂直，内踝高于外踝；脚背成斜面，内高外低；大脚趾根部粗大，向内侧倾斜；中趾为正中，大脚趾、食趾向外倾，无名趾、小脚趾向内倾。

脚的内、外侧的特点：内侧底面有较大弓弯，外侧小趾基部另成一体积。从脚背至脚趾呈降阶式，内踝呈方形，外踝似蛇头。

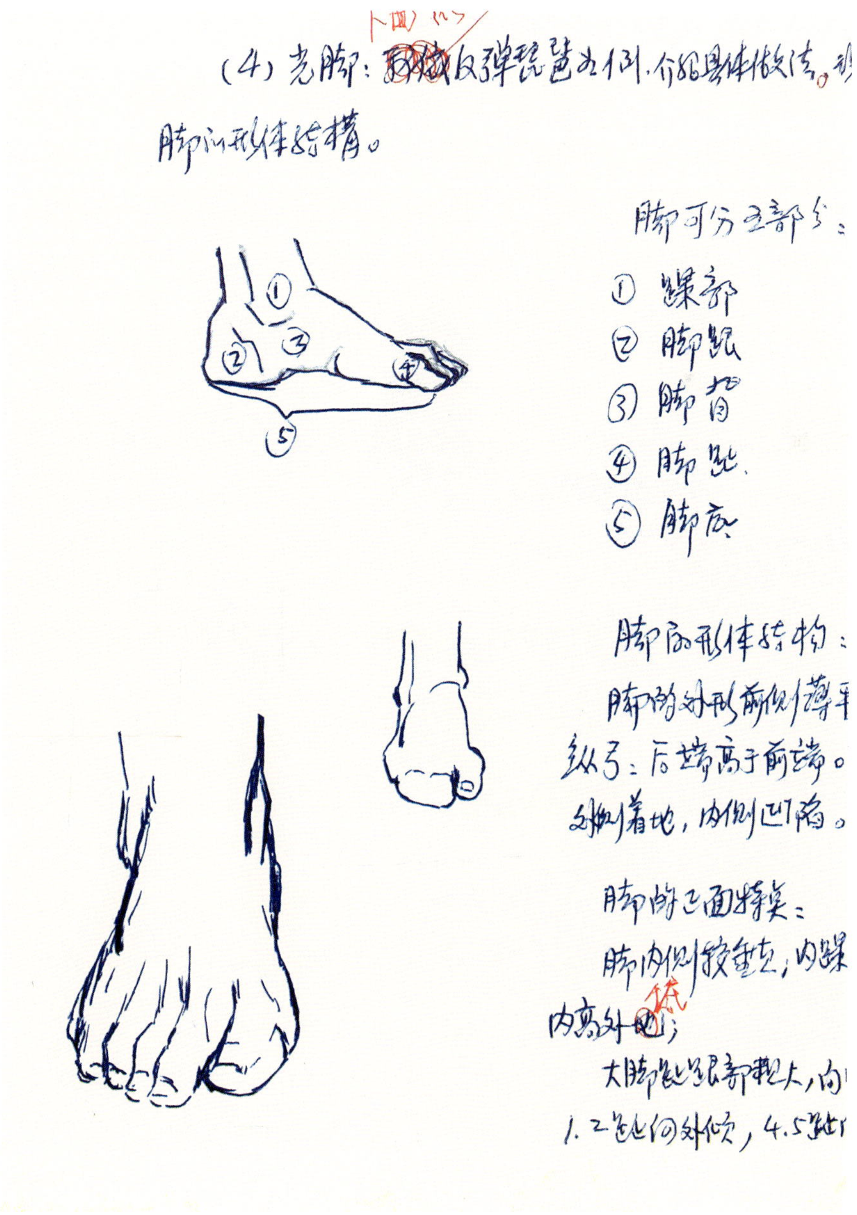

脚的示意图

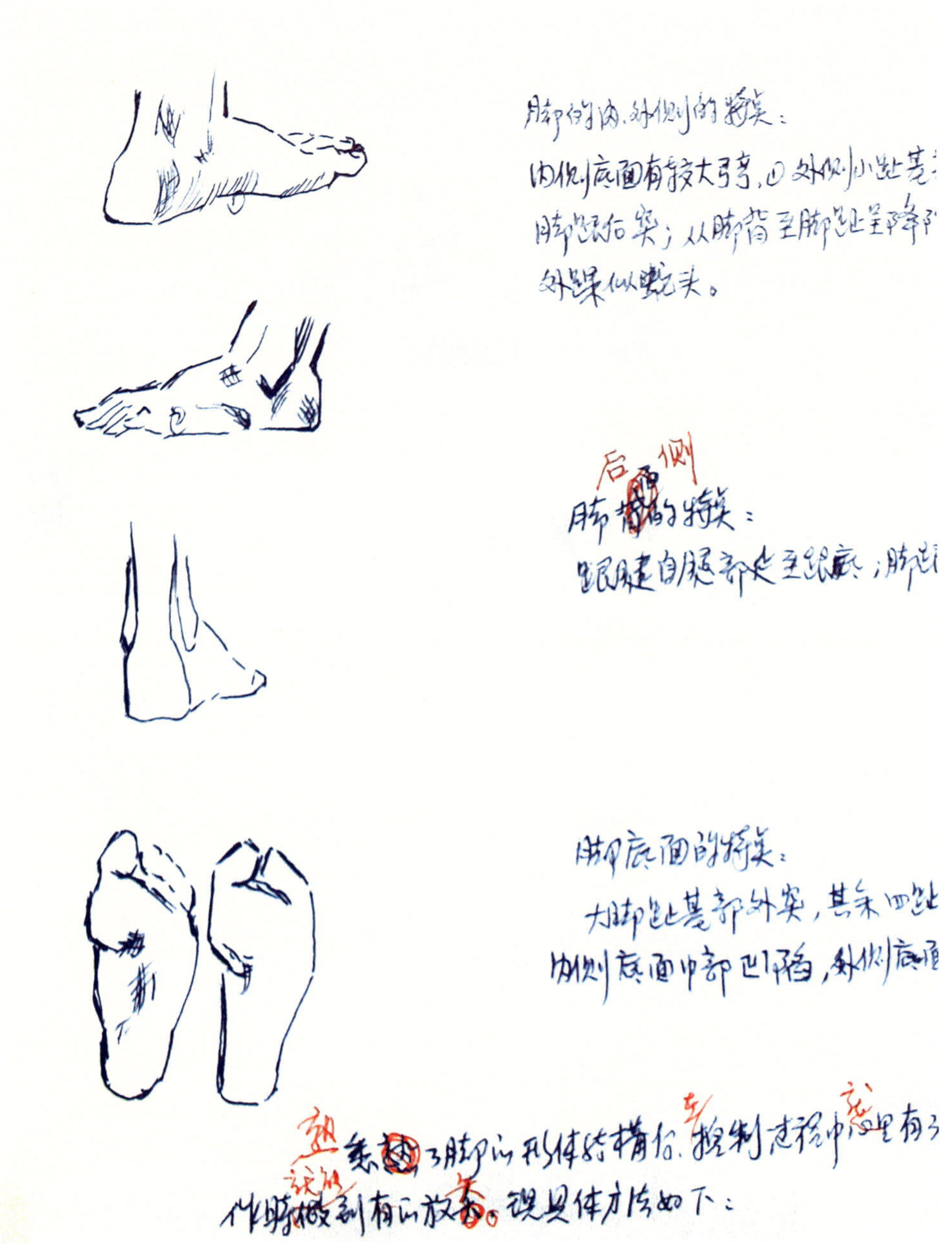

脚的不同侧面

脚后侧的特点：跟腿自腿部延至跟底，脚跟略呈方块体。

脚底面的特点：大脚趾基部外突，其余四趾内收；由侧底面中部凹陷，外侧底面平直。

熟悉了脚的形体结构后，在捏制过程中就有数了，操作时就能做到有的放矢。捏脚的基本形体的方法与捏靴鞋相同，只是要强调一下脚的5个部分的特点。具体方法如下：

① 把整个脚趾用扢子压成弓形。

② 分脚趾：先分大脚趾，1/5多一点；把剩的分成1/2，再在1/2内分1/2。

③ 分趾完了，再用扢子把脚趾交代清楚，蘸水掠光，一双完整的光脚就做好了。

④ 包裤裙。搓泥条拍泥皮，把泥皮折起来，边折边包。

⑤ 把裤线用大拇指推出来，作初步交代。

⑥ 用抡子把长纹拉出来，再用拇指食指、蘸点水轻轻掠光。

⑦ 两腿并扰，交代动态。

包裤子之一

捏脚

包裤子之二

在靴底戳洞以便安装脚棒

捏靴子和腿

在两腿间加泥条使其并拢

把靴头多余的泥切掉

左右腿捏好后并拢

2. 身段的捏法

喻湘涟：对初学者而言，人体比例不易掌握，但是有规律可循。民间艺人中流传一句“立七坐五盘三半”的俗话。意思是说以人的头长来计算：站着的人是7个头高，坐着的人是5个头高，盘膝而坐的是3个半头高。惠山民间艺人采用一种巧妙的办法，把改好的头角用大拇指比一比，默记在心，大拇指就变成一把尺了，这把尺每时每刻都在手中。4寸高的泥人它的头正好是一拇指宽，捏制身体时，以拇指来衡量，一般是比较准的。脚是一个头长，脚跟至膝盖2个头长。这样全身共是7个头长。

捏身段除了注意躯干比例结构外，解决衣服造型是关键。传统戏曲的服饰道具绚丽多彩，并且严格规定什么角色穿什么服装，演员“宁可穿破，不可穿错”。皇帝和大官穿的衣服叫“男蟒”，圆领、宽腰、大袖，腰上还配有玉带。“女蟒”是妃子、皇后、公主、女将穿的。中下级文官穿官衣叫“褶子”。武官穿的衣服叫“靠”，“靠”是武将的战斗装束，穿“靠”时加方肩。在衣纹处理上，老师傅传授下来的经验是花纹不能多，不能乱，贵在以少胜多，基本上要做到三不：一不要伤肉，就是衣纹不能太深，要考虑到内部结构。二不要断头，就是衣纹来去要交代清楚。三不要像鱼刺，排列得太死板。处理衣纹，有个歌诀，是很有道理的：

四季春秋好，衣衫莫乱套；

曲处生衣纹，贴肉应去掉；

来龙见去脉，疏密看需要；

静止直又长，风动弯弯绕；

绸缎长又软，粗布硬条条；

助势靠动态，优美借线条；

衣纹贵洗练，照抄并不妙。

掌握了以上这些常识，体会了前人的歌诀，心中就有了底，灵活运用，衣纹就不会乱套。下面介绍袍、靠、褶子、裙、衣等几种代表性服装的做法。

（1）直身袍的做法：直身袍的身段要掌握挺胸收腹这一特点。

① 两腿并拢后，搓泥条，把泥条拍成3寸长、1寸半宽的泥片，一边厚，一边薄。然后用拇指与食指把薄的一边再捏薄。

② 把泥片的薄边朝向靴面，从前身往后身包起来，让泥条相接再捺紧。

③ 用拇指侧面推出直身袍的身段，并用笃板把形整好。

④ 用笃板扢出衣纹。这种衣纹硬而挺拔，扢衣服时不能用硬劲，不然会留下手指的凹印，破坏形象。

⑤ 搓泥条，拍皮子之后添加到腹部。

⑥ 用笃板在腹部处滚出一个肚皮形状。

⑦ 拍泥条，拍成一边薄一边厚的玉带，厚边朝下贴在腹部下面，应在贴泥处掸些水，使之更牢固。

⑧ 扳动姿势，扳动态不能用死劲，只能用巧劲。看准了，一次扳成功，反复扳动就容易断裂。

（2）以张飞为例介绍武将盔铠甲身段做法。人物塑造的着眼点放在一个“壮”字上，强调其五大三粗的特点，要“挺胸凸肚”，即俗话所说的“文的胸，武的肚”。双脚捏好以后，做铠甲。做铠甲要比做一般衣服复杂，不容易做合适。要特别注意内部结构与外形厚薄的关系，要保持外形完美。如果人物内部结构露在外面，相对容易一些；不露在外面的结构，要从外形上交代清楚。

① 先做内部结构，做一双脚。

② 做后身铠甲，搓成一寸左右的泥条，弯曲成弧形，拍成一边厚一边薄的弧形泥片，用拇指与食指把泥片薄的一边再捏薄。

③ 蘸点水掠一掠后身，把泥片薄边朝下贴在后身上，然后用笃板敲拍成形。

④ 搓两条泥，拍成两片，分别蘸水掠在腿部。贴上泥片，用笃板敲拍加固。

⑤ 装前面盔甲，先加里层，搓泥条弯形、拍片，把泥片包到身上。用同样方法再加贴一层短小的铠甲片。

⑥ 用印花扢子印出铠甲纹。

⑦ 搓泥条，拍平，加到腹部，增加武将气势。

⑧ 用笃板斜侧面沿着腹部把底线滚压出来，再把腹部铠甲按顺序加贴完整。

（3）旦角身段以《贵妃醉酒》中的杨贵妃为例，在捏的过程中要突出一个“醉”字。

① 摘一块泥，搓成一头细一头粗的圆柱体。

② 根据构思的腹稿把身段确定下来。

③ 左手拿身段，右手的大拇指把基本形推出来，推的时候一定要把两腿动态交代清楚。

④ 用笃板扢衣纹，注意动态的一致性。用食指蘸水掠光。

⑤ 做百褶裙，搓13根泥条拍成泥片作百褶裙。用剪刀剪泥片，不要太宽，一宽就俗气难看，而且会增加上色难度，还要拍一条宽一点的泥片。

⑥ 贴百褶裙，宽条贴在中间，其他13根泥条从右往左按顺序贴，贴完后再用笃板轻轻敲拍加固。

⑦ 搓泥条，弯弧形。拍成一边厚一边薄的泥片，上身蘸水掠光，薄边朝下贴上去，然后再推平整，掠光上衣，杨贵妃的身段就完成了。

（4）丑角身段的做法。惠山艺人们注意抓住细节刻画丑角，在丑中求美，动态上特别注意强调个性。

① 做好两腿和下身再做下身衣袍。

② 搓泥块拍泥皮，用剪刀把边口剪齐，前后两块，后片宽约2寸，前片宽约1寸半，边薄中厚，下薄

上厚。用右手食指与拇指把边捏薄，这样袍边就有飘动的感觉。

③ 将后袍泥片贴上，用大拇指把袍边固定在腿部，不能移动。

④ 用拇指把臀部推出来，再用挖子将衣纹挖出来，接着用食指蘸水顺着衣纹由下而上掠光。

把泥片剪裁成袍子需要的形状

薄边朝下，厚边朝上包在两腿上

⑤ 后袍完工后做前袍，将前袍的衣片下边折一条动态衣纹，然后贴上前身，捺紧，用大拇指捺出腿部衣纹，掠光后再用挖子强调一下。

⑥ 搓一块小泥，加在肚子上，用笃板滚成弧圆形。

⑦ 搓一根细泥条，加在腰上，做成腰带。

⑧ 为了强调人物的动态，必须把腰部再往前扳动一下，于是身段就算完成了。

（5）短打身段做法：以孙悟空为例，着重表现孙悟空的灵巧和轻盈。

用包的方法做袍子

把玉带装上

扳动姿势

捏好的丑角身段

①捏好下肢。

②搓1根2寸长的泥条，弯成弧形包在腹部，用拇指推出腹部形体，蘸水掠光。

③搓1根2寸长的泥条，弯成弧形，捏成边薄内厚的泥片，贴在后身。

④摘1块泥捻成球，用拇指与食指把它捏扁，用这种方法做出十几个泥片，然后一片一片贴在腹部，组成弧形，再向后转与裙连接，用笃板敲拍加固，这就是虎皮裙。

⑤用扦子把花纹印出来。

⑥搓泥条装腰带，扦带纹。

⑦ 拇指蘸水，掠光，然后调整衣带的动向。孙悟空的活动是在室外，需要有动态。

（6）仕女身段捏法：捏做仕女时，有这样几句民间口诀可供参考："若要俏，美女杨柳腰。"意思是说美女的腰部细软如杨柳。又一诀说"螳螂的屁股，蜜蜂的腰"，形象地概括了仕女臀部与腰部的特征。再一诀"英雄无眼，美人无肩"。仕女要削肩，才会好看。这些口诀都有一定参考价值。现在以天女散花为例，说明具体做法：

①搓泥条，长度根据头的大小而定。因为是在云中，比例要比一般仕女长，九个头左右的长度为宜。泥条一头大一头小，两头粗细反差较大。

②用大拇指将形体粗略推出来，交代动态方位。

③掠光以后，先把下身裙的衣纹拉出来，一般以长条纹为多。

④将上身胸腹形体捏出来，并蘸水把整体掠光。

⑤搓泥条拍泥片，尽量薄一些，包在腰部，同时注意衣纹要和风向一致。

⑥外裙要排列整齐，并且要深一些，外裙一般不画花纹，靠自身动态表现质感。

⑦ 捏泥条装腰带。

⑧ 检查上下身衣纹是否与风向一致，做最后调整。

身段捏成之后，必须用湿布盖在泥人的肩上，以保持镶接部位的湿度，便于镶接。

做仕女，先搓出一头大一头小的泥条

捏仕女的身段

挑出裙边

包外裙

挑出外裙的动态

做好的仕女身段

3. 手和上肢的捏法

手是传情的重要组成部分，老艺人视手势为仅次于眼神的第二表情点。在戏曲中，有许多程式化的表现方法，都是经过舞台演出锤炼而成的。手的结构分为腕、掌、指三部分。手势应与戏中人物的表情和体态动作相吻合，才能把人物神情刻画得深刻、细腻。

（1）手的捏法

手的捏法有两种，一种是传统的捏法，另一种是改良的捏法。

传统捏法：这种方法适合做四五寸高的戏文。特点是捏得快，艺术效果显得稚拙朴实。但不适宜做大的戏文（高20厘米以上的戏文），因为大戏文的手，用剪刀把指头分开时会露出剪刀痕迹，粗糙难看，小戏文中的手就不露丑。

具体捏法如下：

①搓长约 2 寸的泥条，一头略粗（做上臂）一头稍细（做手）。

②捏手掌：左手拿住泥条略细的一头，右手的拇指和食指把细的一头转捏成泥人的手腕。

③捏手掌时要把大拇指与 4 指分开，再把大拇指单独捏好。

④把 4 根手指大形捏好，靠拇指的一头长一点，捏成斜形，靠食指的一边捏薄一些。

⑤手掌整体形捏好后，用剪刀分 4 指，先在中指靠小指一侧剪开，靠食指一边多一点，小指一边少一点。再剪 2 次，4 指就分好了。

捏手掌

用剪刀剪出四指

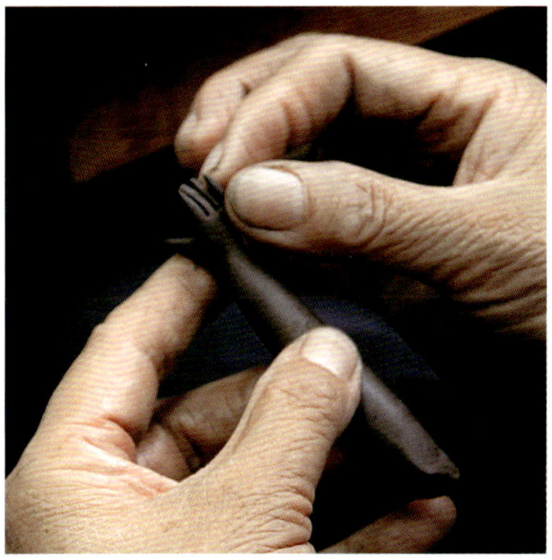

挑手势

⑥挑手势，根据剧情要求把手指表情处理好。

⑦搓一根泥条，拍成外薄里厚的泥皮子，把泥皮子包在手腕上。

⑧用大拇指倒推手臂上的袖口泥，把上臂结构顺势推捏出来，掠光。

⑨用扦子把袖口的长短衣纹分别扦出来。

⑩采用扳的方法调整手的动势，整个效果就显示出来了。

改良捏法：这种做法适合做20厘米以上的大戏文，尤其适合做仕女的手、佛手，做出来的效果特别好看，给人以纤细优美的感觉。这种方法是在泥人张第三代张景祜老先生捏仕女方法的基础上发展起来的，为了区别老的方法，故称改良法。这种捏作速度要相对慢一些。

老的做法是捏完手掌后，用剪刀把手指剪出形，而改良法还要增加以下操作顺序：

① 剪指以后接着断指，用剪刀在手掌 1/2 处横向剪断，把指和掌分开。

② 捻指：用捻的方法把食指、中指、无名指、小指一个一个地捻出来。再一个一个地黏在手掌上。男性手指粗壮有力，女性手指细长而丰满，小孩手指短而圆，老人手指瘦而长。在捻手指的时候要胸有成竹。

③ 捻指之后再把手指装上，先装食指，依次是中指，无名指，小指。再用挖子压一压加固。

④ 先捻一块圆形小球按扁，按在装指的手背的位置上，再掠光，增加手的丰满感。手心中的左右二块肌肉用拇指在中间捺一下，就截然分开，然后再掠一掠，就结束了。

弄懂上述基本方法后，只要多实践，就能举一反三地表现各种动态了。

《武松杀嫂》中的西门庆（喻湘涟、王南仙）

《起解》中的崇公道（喻湘涟、王南仙）

（2）水袖的做法

戏曲角色在舞台上有一种水袖表演，通过不同的水袖动作来传达感情。水袖表演有一套完整的程式，捏泥人时要弄懂水袖的含义，例如左翻水袖、右搭袖、高低双搭袖、双翻袖等各种动作都有特定的含义。水袖在手捏戏文中十分重要，但在捏泥人时，只能表现一个特定的静止的水袖动作，因此更要捏得生动优美。用老师傅的话说是要捏“活”。首先要熟悉水袖程式，掌握了水袖捏法之后就能更好地为作品增色。水袖的衣纹要注意运动方向，随势而走，依情而动。

包上袖口

用抡子把袖口的衣纹抡出来

做好的手臂

以《贵妃醉酒》的水袖为例：

① 左翻袖，右搭袖。

② 看明白左翻袖、右搭袖动向，把水袖的来龙去脉默记在心里。搓根泥条，泥条的粗细根据人物大小而定，一般大头等于一个头宽度，长的等于五个头左右的宽度，泥条搓好后，将关节动向扳好。

③ 用抡板抡出大袖衣纹的方向。

④然后用抡子在重点地方强调衣纹，但不能用死劲，要用巧劲。泥条上不应有手捏凹印，这是要点工夫的。为了表现动感和水袖的质感，用抡子把反转衣纹抡出来。

做水袖的具体方法比较简单，凡是不露手的水袖基本上都是通过上述顺序来完成的。露手的水袖，是在袖口上用抡子抡出水袖印纹。还有一种是在袖口加抡一条泥片作水袖。水袖要做得妙，是要下番工夫的，一要熟悉舞台上的各种手势和舞水袖时从头到尾的全过程；二要掌握捏塑的技巧。努力做到这两点，种种美妙的水袖造型就会渐渐出现在面前了。

4. 镶接技法

镶接技法是把上肢镶接到身段（躯干）上的方法。在镶两臂时，加泥的量很重要。旦角的泥要少加，甚至不加，完全靠捏紧而使两部分连接成一体，这样容易处理好削肩的效果。大脸要略多加一些泥，因为有垫肩，所以要宽一些。手捏泥人的上臂接到肩上时都采用以下基本方法：

①先在左肩部用食指捺出凹形。

②将左上肢接上按实。

③添泥加固把大体肩部捏完整。

④在右肩用食指捺凹形，将右上肢接上，并添泥加固。

⑤两臂镶好后，用笃板把两肩和胸的形状推出来，整形掠光。

⑥搓两根泥条，弯成弧形，拍成两块泥皮子，把外边捏薄，贴在左右上臂处，做成肩甲。

⑦用印花扢子将胸、肩的盔甲花纹印好。

⑧做如意领。搓泥条，盘成如意形，用掌根拍成泥皮，这就是如意领。

⑨把如意领贴在颈部。

镶接前的各种部件

装手臂

镶接技法，先捺出凹形，再装上手臂

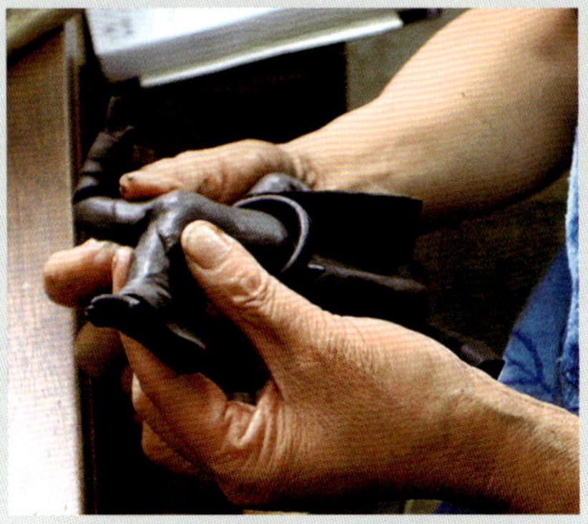

把大体的肩部捏好

整型

5. 装头

装头看着简单，实际上不简单。说简单，只不过是把已改好的头角装到已捏好的身段上去。说不简单，一要打正颈根洞，打得靠前了，伸颈如鸡；打得靠后了，缩颈如龟；打偏了变成歪脖子，头装上去实在难看，人物性格气质更谈不上了。二要把洞的大小打合适。打大了，头容易脱开来；打小了，装不上。三要掌握好洞的深浅。浅了是长颈，深了是短颈。四要贴好附领，皮子前后上下要捏得薄而均匀，领子口要齐整，附领要贴紧，干后不翘裂。为了做好上述四点，一定要思想集中，不要麻痹大意，否则容易造成多项返工，把一件将要完工的泥人搞糟。

装头之一

装头之二

捏段组合完成的仕女

捏段组合完成的丑角

6. 扳架势

人物造型到了即将完成的时刻，必须审视一下是否符合特定环境中的特定动作。双挡戏文中，要注意查看二人之间的呼应关系，凡是不完善的，就要作适当调整。调整时手里要用软硬劲，软是指在扳架势用力时，不要在捏的地方留有凹印；硬是要果断地把人物的气度扳出来。有一段文字，可供扳架势时参考：

老生要儒雅洒脱，清隽稳重；
小生要风流倜傥，柔中有刚；
武生要刚健英俊，气度轩昂；
花脸要雄浑威严，粗犷豪放；
小丑要轻盈敏捷，灵巧俏皮；
青衣要雍容华贵，端庄凝重；
花旦要活泼俏丽，伶俐聪颖；
武旦要婀娜柔美，刚柔并济；
老旦要沉静稳健，举止有度。

扳架势时，要考虑好，要看准，最好是一次扳成。多次扳动容易把原来捏好的地方碰坏。有时是小调整，如调整脚和手的前后、左右以及弯曲程度，只需扳动肩部关节就能完成。有时是整体姿态大调整，就需要动扳腰部。

贵妃醉酒用的酒壶

用作配件的兵器

姜太公钓的鱼

用作配件的泥捏荷叶

7. 插脚棒

角色捏好后，要插在泥底板上，称为“插脚棒”。插脚棒不能用力过度，更不能硬顶，弄得不好，泥人就要变形。只能先插进一点，然后慢慢旋入到底。泥底板上的插孔一定要比脚棒大一些，泥土晾干收缩后也能与脚棒符合。双挡戏文，插脚棒时要注意两个人的呼应配合，两人的距离和角度要符合剧情，依次插到泥底板上。

① 先把铅丝或竹棒插入角色脚底内。

② 左右手同时拿住两件泥人，根据情节把两人的距离角度调整好，然后往下按在底座上，确定位置。

③ 用竹签按照刚才定位的地方把孔戳出来，一定要戳穿。

④ 在底座反面把孔洞周边的泥挖掉一块，防止干后凸出，造成底座不平整。

⑤ 先把左边的泥人插到底座上，然后再插右边的泥人。

插装后一套戏文就完成了。单件的插法与双人的插法相同。人物越多，越要注意人物之间的相互呼应关系。捏坯成形到这里即告完成，等它阴干后，下一步就可以上彩了。

（七）手捏技法的概括

手捏戏文的技法一代一代相传，至今已经发展到系统化、规范化的程度。用艺人的话来说，捏泥人是有“板眼”的，意思是说捏泥人有一定的技法规范要求，有一定的程式。归纳起来，手捏技法“板眼”规范有以下四方面：

① 手捏工艺过程：一印、二捏、三扢、四镶、五扳。

② 基本造型方法：自下而上，由里到外，分段组合，一气呵成。

③ 手捏方法：手指法，工具应用法，辅助法。

④ 操作要领：揉泥、搓泥、捏泥、推泥要用软硬劲；包腿、贴边、扢纹、敲捏要齐整；捏脚、捏手、捏身、剪指要吃准；从头到尾处处要留神。

这套程式规范，是互相渗透、相辅相成的一个完整体系，只有综合运用各种手法才能创作出活生生的形象来。

手捏戏文的传统技法并不神秘，它来源于平凡的日常生活。在原始社会，人类就发明了泥塑方法，并用到了陶器制作上，比如泥条盘柱法，将泥用手搓成泥条，一层一层盘筑成形。搓泥条做陶器与做泥人的方法并没有多大差异。平常生活中做团子、包饺子，都要使用搓、捏、捺、包的手法。民间流行的面塑、糖人的制作方法也有许多与捏泥人的手法相类似。平时儿童玩泥巴，一双手敲敲、拍拍、捏捏、搓搓就能做出一个小狗、小猫、小屋、小球，充满童趣，非常可爱，由此可知手捏技法非常普及，并不难。但是，

《关平》(喻湘涟、王南仙)

《和合二仙》中和仙的局部

《琵琶记》中婆婆的局部

如果没有系统地掌握捏塑技法，捏出来的作品未免粗糙；掌握技法后，捏出来的泥人就精美得多。这好比两种美，一个是初级阶段稚拙朴实的美，一个是高级阶段精致的美。学习传统手捏技法并不难，“世上无难事，只怕有心人”。

五、结束语

喻湘涟：惠山泥人手捏戏文的传统技法由捏坯、彩绘、装饰三大部分组成。这里介绍的手捏技法是三大部分中的第一部分。第二部分彩绘和第三部分装饰，将由王南仙老师介绍。

这里说的捏坯技法，基本上是我的师傅蒋子贤和我的外祖父亲自传授给我的，当然也有其他师傅的心血，这是几代人代代相传不断创造的结晶，不属于我个人，而是属于不断创新的惠山艺人，因而我愿意说出来献给广大读者。

现在南京博物院和苏州博物馆，还珍藏有清代苏州的手捏戏文。这些实物的手捏方法、表现形式都和惠山手捏戏文十分相似，可惜这两处的手捏泥人早已失传了。唯独在无锡惠山还保留着这门传统技艺。我在痛惜之余，感到应当格外珍惜现存的惠山泥人艺术。为了保护这门艺术，防止失传，我从1981年起开始整理惠山泥人的传统手捏技法资料。说实在的，我最怕写文章，叫我捏几件泥人还是可以的，要我把学到的一套传统技艺整理成文字，比登天还难。民间艺术，过去不被重视，大都是自生自灭，从来没有完整像样的技法理论，纵然有一些，也是零零碎碎，一些诀窍常常是“只可意会，不可言传”，用文字表达更难。现在，惠山泥人作为非物质文化遗产受到了保护，我才有幸以“口述史”的形式把我的经验讲述出来。在总结整理的过程中，碰到不少困难，先后得到李寸松先生、张道一先生、宋胤先生、钮镖老师、钱绍武老师、陈近老师、周云瑞老师的具体指导，在此表示衷心的感谢，我讲得不好，希望专家们、同行们、读者们批评指正。

本章小结

通过喻湘涟的讲述和实际操作演示，惠山手捏戏文的塑作要领已经基本清楚。喻湘涟总结的“手捏戏文十八法”分为“手指法”、“工具法”和“辅助技法”三大类。这是将手捏技法按照操作顺序以文字形式记录的首次尝试。虽然，文字的记录不能完整准确地表现动态的全过程，会发生部分信息丢失，但是，可以给读者提供一些基本的参照，从而有助于认识惠山泥人艺术的构成要素。

所有技法的终极目的都是为了达到最佳的艺术效果，技法是手段，效果是目的。按照工艺美术的一般规律，工艺与艺术是不可分割的有机结合，当代艺术设计理论已经将效果与技法提升到“艺术与科学”的高度，强调材料工艺与艺术效果的紧密联系。无数事实证明，工艺美术创作中的工艺手段对艺术效果的重要作用；甚至，有些工艺决定了作品的风格。

喻湘涟口述的手捏戏文十八法，是惠山泥人传统技法的总结，是几代艺术家智慧的结晶，也是新时期要保护的非物质文化遗产。

注释

[1] 色：用如动词，指给泥人上色、彩绘。

[2] 扢：音同“哥”，无锡方言，动词，指用工具拍打或挤、按。

[3] 印头角：头角即脸面。用模具印出头面，称印头角，是惠山泥人术语。

第四章

王南仙谈泥人的画技

本章综述

时　　间：2006年7月24日
地　　点：王南仙家里
口 述 人：王南仙
采 访 人：王连海、更　生、林　芳、周　佳
录音整理：林　芳、周　佳

本章由王南仙口述，详尽描述了惠山泥人传统彩绘的设计思想和彩绘方法、装饰方法。惠山泥人的彩绘以“新、清、齐、爆”为最高境界。新是指彩绘的成品要“落台鲜”，给人以清新、崭新的感受；清是指色泽清爽、明净，不脏不乱；齐是指彩绘的笔法严整；爆是色彩鲜明艳丽，具有强烈的冲击力。

除了用颜料彩绘之外，惠山泥人还需进行精心的装饰，行话叫“装銮”。通过装饰，达到“闹猛”的效果。装銮是利用丝绸、彩纸、绒球、竹片、金属丝等各种材料制成泥人所需的道具或服饰，把泥人打扮得更加绚丽多彩。

惠山泥人的彩绘技艺和装饰技艺历经数百年的传承积累已经达到炉火纯青的程度，不论粗货还是细货，都具备了成熟而稳定的风格，这种风格是惠山泥人迥异于各地泥人的标识。

如何继承惠山彩塑的优秀传统，并在艺术创作中予以实践？王南仙历经多年的探讨，已经形成了完整而独特的技法体系。她把泥人的彩绘过程分为准备阶段、初步阶段、正式阶段三个递进的过程，对每一个细节都作出了准确的描述，从笔、颜料到辅助工具，再到各种工具的基本功能，都作了明确的交代。具体的实施方法、技巧和操作要领，也都毫无保留地贡献给读者。王南仙所说的三个阶段，都是彩绘技艺重要的环节，由这些环节组成了完整的链条。

以下是根据对王南仙的多次访谈整理出来的关于惠山泥人彩绘技艺的文字，是十分宝贵的惠山泥人色彩的技艺总结。

一、惠山泥人传统彩绘基础知识

惠山泥人艺人对彩绘工作非常重视，老艺人们归纳的彩绘要领是：新、清、齐、爆。

新：是色彩鲜。色彩新鲜、明快、醒目，做到“落台鲜”。

清：清爽。一是指清爽、干净，在画的过程中保持清洁。二是指用色纯净，用笔干净，既要保持颜色的明度，又要保持颜色的纯度。三是注意色彩调和，在画细货时常常采用上下对比色调，而纹饰又需与之调和。如深底浅花、暗底明花、白底碎花等等。还需要在色与色之间加边、加线来提亮色块。

齐：是指笔法整齐，线界清晰，繁而不乱，凡是有图案的地方，都要体现有疏有密、繁简得体的原则。

爆：是用色浓烈的意思。惠山传统泥人体积小,泥坯的内部结构起伏变化不大，因此就要求具有浓烈鲜明的色彩调子，底色采取原色对比以达到引人注目招徕顾客的目的。

做到了以上四点，惠山传统泥人的彩绘艺术就可以达到色彩对比强烈，纹样布局得当，用笔挺拔，钩线流畅，做工考究的效果。

惠山泥人的彩绘由色、绘、装饰三大部分组成，这三大部分是融会贯通、缺一不可的完整体系。

（一）色

色是指颜色。色离不开光，无光的环境是一团漆黑，在阳光照耀下的世界才是五光十色的。我们的世界是色彩的世界，对色彩的需求是人的天性。早在原始社会人类就已经发明了颜料，用来涂染各种物品。北京周口店山顶洞人就使用了红色，新石器时代的彩陶使用了白、土红、灰黑、土黄、赭色描绘纹样。色彩能先声夺人，有直接刺激视觉神经的作用，能使人感到冷暖、宁静、烦躁、高雅、庸俗、愉快、沉闷……色彩是有感情的，随时随地会影响人的情绪。惠山泥人利用色彩表达美的意愿，赋予泥人更强大的生命力。

过去，老艺人们传授的彩绘经验和道理往往只可意会，不可言传。随着时代的发展和色彩学研究的深入，现代色彩学的理论也被引入惠山泥人彩绘的领域，可以用现代色彩学解释传统的经验了，这样可能更有利于初学者对彩绘的理解。

色的种类。用科学的原理来看色彩，在太阳光谱中有红、橙、黄、绿、青、蓝、紫七种光色。光色全部被物体吸收，物体就呈现为黑色；光色全部被反射，物体就呈现白色。不同程度的反射都会引起色的变化。例如，物体吸收一部分光色，反射一部分光色，则物体就呈现出反射的光色。在泥人的用色上，也不外乎这些颜色，若按其自身的特性进行分类，有原色、间色、复色、补色四种。

原色：这种颜色不能再拆分，是最单纯、最原始、不含其他色素的基本色。也有人称之为“母色”，如：红、黄、蓝三原色。

间色：任意两种原色配合得出来的颜色，就叫间色，如橙、绿、紫，也叫 “二次色”。

复色：把原色与间色互相配合，即成复色。如黄灰、蓝灰、红灰，也叫“三次色”。

补色：两色绝对对抗、排斥而又相互补充的叫补色。它们在色轮上处于对顶角的位置。补色是眼睛自然感觉到的颜色。如见到红色，自然而然地求其补色——绿。黄的补色是紫，青的补色是橙。补色也称为余色。补色的运用：如果要增强色彩的对比，就把补色互相放在一起，效果就特别强烈，鲜明度高。如果两色对比过于强烈时，就加补色冲灰，这样就能做到统一调和。

不同的色彩在视觉中会产生不同的感受，例如：

红色：令人兴奋，象征快乐、热情、喜悦、勇敢、斗争、热烈等。在脸谱中表示忠勇。

黄色：浓度高的黄色会造成精力充沛、果决有力的感觉；纯度明度较低的黄色，令人感到沉静、稳健。在脸谱中表示聪明。

蓝色：暗蓝色充满了深沉的严肃、忧郁，天蓝色给人以神秘、宁静、开阔的感觉。

绿色：能把人带入滋养万物的大自然中，郁郁葱葱，新鲜生动，代表少壮和青春，清新和恬静。

白色：清洁、坦率、朴素、纯洁。在脸谱中表示奸诈。

品红：秀丽、鲜艳、轻飘、悦目。

紫色：柔和、华贵、娴静、骄傲。在脸谱中表示忠正、倔强、憨厚。

黑色：使人联想到沉默、恐怖、肃穆、神秘、死亡、庄重、严肃。在脸谱中表示正直豪放、粗犷、正义凛然。

灰色：和谐、深厚、静止、大方、悲哀。

彩色：幻想、绚丽。

以上所说的只是个大概的感觉，千变万化的色彩会给人带来各种感受，难以尽言。

惠山民间艺人总结了很多色彩搭配的顺口溜：

红搭绿，一块玉。

红搭黄，亮汪汪。

黄搭绿，自相宜。

蓝搭黄，柔中醒。

红搭紫，一堆屎。

黄搭紫，显高贵。

蓝搭绿，清里静。

用色要求：红要红得艳，绿要绿得娇，黄要黄得鲜，蓝要蓝得纯，白要白得净。

蒋晓云老艺人常讲：无黄不亮，无白不明；无黑不重，无金不富。

王锡康老艺人常讲：上台鲜鲜，落台艳艳。

上彩要掌握的规律：远看颜色，近看花。少里看多，多里看少。

用笔要领：直线要直，曲线要活。落笔如飞，薄厚均匀。

彩绘用色碰到困难时，要靠黑、白、金、银、灰来解决了。

（二）绘

绘指彩绘，用笔蘸颜料在泥坯上描绘，画出所需要的色彩效果。

彩绘时的姿态分为站着画和坐着画两种。在批量生产时，常常需要画出大色块，因此需要站着画，这样能大大加快彩绘的速度，走笔如飞，有笔触色彩就活了。但是，现在一般情况下都是坐着画，坐的姿势一定要平稳、舒服。彩绘时，上身不能前倾靠在桌子上，否则会影响右手彩绘的动作，画出的效果也不好。

彩绘的手势很重要，右手按写毛笔字的方法拿笔，彩绘时手和肘都要悬空，不能完全依赖手腕着力点，否则用笔不活络。左手拿泥坯，万万不能一把抓，不然的话，左手配合右手会呆板，而且容易碰坏泥坯。手捏戏文都是出手货，动态大，只能用拇指、中指、食指去拿泥坯，而且要先看准部位，不要拿那些不结实的地方。

彩绘过程中主要是用笔与用色两大问题。

用笔指彩绘时的用笔方法。笔由笔头、笔管组成。笔头由笔尖、笔肚、笔根组成。在彩绘过程中，拿笔姿势要自然平稳，大胆落笔，细心收笔。笔肚贮水要适中。笔的大小是根据作品的大小及色块的大小决定的。画粗货用笔要粗一些，以便显示粗货的笔触效果，并有出手快的优势，一举两得。

用色是指在泥坯上色与色之间的搭配（也可称为色的组织），俗称配色。根据人物的时代特征、性格、特定环境等因素来调配颜色，以期获得最佳的效果。用色恰当与否取决于艺人的艺术修养和审美趣味。就彩绘而言，一件作品如果配色得当、用笔自如，就基本成功了。

（三）装饰

惠山民间艺人将一件泥人彩绘完工后，还要用其他材料来作点缀，使泥人更加丰富多彩。这个过程称为装饰，也叫装銮。

前辈老艺人装銮的材料非常丰富，动物羽毛、糖果纸、香烟包装纸、碎布、丝绸，以及不起眼的各种粗细铜丝、铅丝、小竹片、竹根都可用来作为装銮的材料。有时也购买一些花边、排线、绒球、小珠子等装饰品。根据主题内容需要，通过剪、贴、裱、画、削、粘、嵌等手法把泥人打扮得更漂亮，俗称“闹猛”。只有闹猛，才会有看头。这里有两层含义：一是通过精美的形象吸引人；一是装饰后的泥人增加了趣味性，丰富了内涵，引人入胜，使人回味无穷。

惠山泥人主要分两大类，一类是粗货，另一类是细货。粗货并不是粗制滥造，而是指造型高度概括、简练，并经过夸张变形的泥人。这类泥人多用模具翻印成形，投入大批量生产。细货是用手捏的方法来完成泥坯的造型，画工讲究。粗货使用了中国写意画的方法，夸张、简练，经常是意到笔不到，用的原料也较为便宜，服务对象是广大的农民和城市里的平民。细货是写实中求写意，写意中又求画工精巧。彩绘原料是矿物质，价格高，服务对象是有钱人家、商贾士绅。通过色、绘、饰三种独具特色的手段，才能把惠山泥人打扮得具有浓郁醇厚的江南风味，深受百姓们的喜爱。

二、彩绘的原料与配制

（一）颜料

惠山泥人传统彩绘的颜料有植物的，也有矿物的。植物色有泡水黄、湖绿，这种颜料容易褪色，不如矿物质颜料好。矿物质颜料不褪色，而且色泽深厚、沉着、耐看。

传统的常用色有：白色包括立德粉、太乙粉、洋铅粉、烧黄粉（粗货用此粉为白色），其中铅粉以广东产的为好。石绿，分头绿、二绿、三绿。石青也叫佛青、云青。另外还有朱砂、银

王南仙工作时非常专注

珠、胭脂、洋红、黄矾、藤黄、花青、天青、桃丹、金银箔、金粉、银粉、墨。

根据老师傅传授的方法，这些颜色都有代号，代号的笔画比文字简单，便于书写。这是一种泥人行业中的特殊文字，也是一套记录颜色的巧妙的方法。常用的代号可以参看右侧图表。

这是用一套特殊的文字记录彩绘的方法，是用笔画简单的文字记录复杂的内容。彩绘方法代号如下：

瓦——染

火——淡染

通——由根向梢染

加——另外再加

满——全染全涂

花——花纹、花斑、花点

O ——加粉

配合颜料的其他材料还有：水、泥浆、丝绵纸、牛胶、木胶、白蜡、豆油、酒精、蛋清、蜡克、甘油。

颜色	代号	颜色	代号
白粉	分	墨	木十
花青	主	赭石	耂
红	廿八	黄	廿八
紫	子九	石绿	亘六
油绿	由	草绿	苎
石青	玉七	朱标	票
朱砂	一朱	银朱	艮
三青	亖	二绿	亘二
半色	一	淡青	二
香色	三	粉红	四
藕合	五		

常用代号表

（二）彩绘颜色的配制

过去，彩绘的颜料都是艺人自己调制的，外面买来的只是半成品，不能直接使用。各种颜料的配制方法如下：

白色，也叫白粉，用量最大，因此要多调制一些。调制的方法是：先把铅粉放入研钵，铅粉不要超过研钵容量的1/2，然后用研杵把粉磨细，再加入少许豆油。放豆油是为了防止染色时起泡，其比例为一斤铅粉几滴豆油。豆油量要适当，豆油少了白粉不滋润；豆油多了要油影[1]。再用薄牛胶水冲入白粉，调匀，揉成一个白粉团，取出来放在干净的青石板上，用榔头反复打，目的是让白粉细腻，越细越好，接着将此粉放在研钵内加热水调匀，再用细筛子过滤，就可以用了。

牛胶水：先把牛胶打碎成小块，泡在开水里，隔水炖成糊状，备用。隔水炖是在酒精灯上置一个铁架子，架子上置小锅，锅里放热水。把牛皮胶放在更小的锅里，在热水中炖煮。用多少，炖多少。牛胶水的浓度要看情况而定。配入颜色时要注意：胶重的色泽比较光亮，但是，掌握不好日后容易龟裂；胶轻要掉色，看上去不滋润。一般夏天调色偏于重胶，冬天偏轻胶。

石绿的制作方法：把颗粒状的石绿捣碎成末，然后放入研钵里加水研细，把研钵放在盛有清水的砂锅里，用文火慢慢隔水炖。水沸以后，会有一层质轻色纯的“绿花”飘上来，用布勺把绿花捞起来放在另一清水盆里。把清水里的绿花再煮一次，直到不浮绿花为止。锅底的渣滓去掉不要。把煮过的石绿倒进研钵中再细细研磨，研到没有沙沙声为止。研到十分均匀后，加清水搅拌。把表面浮起的部分倒入第一个乳钵内，接着是第二钵、第三钵，把各钵的清水去掉，就做成了头绿、二绿、三绿。

土朱的制作方法：土朱在传统泥人制作中用途最广，泥人的底座、粗货的背部都用土朱上色。把大块的土朱捣碎研细，放入清水中搅拌，把上层土朱捞入另一个容器中，撇去清水，加胶，即成。底层的土朱等晒干后，可以再研磨使用。

一切矿物质颜料，用过后都要用开水把胶漂尽，以后用时再加胶，这样能保持色泽鲜艳。

常用色的调配：

（1）肉皮色

嫩色调配：白色为主，加少许朱标，用于仕女、儿童角色。

次嫩色调配：白粉为主，加少许朱标，再加少许藤黄，用于小生、武生角色。

老色调配：白粉为主，加少许朱标，再加少许藤黄和少许赭石，用于老生角色。

较老色调配：赭石为主，加少许白粉，再加少许朱标，再加少许藤黄，用于老寿星一类。

调制颜色

深肉色调配：在嫩色的基础上加花青或少许黑。若要偏红的话，则加少许朱标；若要偏黄，则加少许藤黄。

唇色调配：传统做法是以朱标为主，加藤黄。现在常用原肉色加朱红，也可以用桃红加肉色，加朱标，再加赭石。

（2）红色类

红：朱标加玫瑰红，但是玫瑰红容易褪色，用洋红或朱砂为佳。

玫瑰红：玫瑰精加胶水即可。彩绘纹样时胶水宜重，可使玫瑰精长久不褪色。如果涂大面积的色，则不用胶。

暗红：土朱加玫瑰红。

桃红：玫瑰红加铅粉。

绯色：白粉为主，加少许玫瑰红，再加微量花青。

暗紫红：玫瑰精加少许白粉，再加少许花青。

紫酱色：玫瑰红加少许云青，再加入金粉或银粉。另一种方法是朱标加玫瑰精，加少许白粉，再加微量墨色。

茄皮紫：玫瑰红加花青，再加少量银粉。

蔷薇色：玫瑰红加少许云青，再加少量金粉。

葡萄紫：玫瑰红加少许黑，再加适量花青。

（3）黄色类

藤黄：藤黄用时加水溶化即可，不要再加胶，因为本身已经有胶了。

月黄：藤黄中加少量铅粉。

褐黄：铅粉加朱标作底色，再在上面涂上藤黄。

浓橙黄：肉红色打底，外罩藤黄。

檀香色：肉色、藤黄、云青三色调和，即檀香色。

秋香色：灰色上罩藤黄。

金黄色：朱标加桃丹，再加黄加白。

（4）绿色类

正绿：藤黄加花青，各占一半即可，色泽略微偏暗。

石绿：石绿加木胶溶化即可使用，如与云青一起使用，效果即鲜明又沉着。

墨绿：藤黄加云青，再加石绿。

草绿：石绿加藤黄。

黄胖绿：藤黄加云青，再加少许白粉。

（5）青色类

花青：花青加少量水即可。

粉青：铅粉为主加花青，再加少量云青。

仿白殿色：石绿加云青，或石绿加云青再加藤黄。

竹根青：云青加黄、加黑，再加较多的白粉，或湖青加花青。

头皮青：少量肉色加花青，如新剔的头皮颜色，用于小和尚及小孩的光头。

云青：原色加胶水即可，最好涂在泥坯上。凡需要上云青色的泥坯，都不能打底色，否则会色浑而带花。

鼠灰色：白色加墨，加少量云青。

深青：白粉加重花青。

鲜蓝：白粉加湖绿，再加少许云青，或白粉加蓝，再加少许绿。

蓝灰：花青加黑，加白粉，或云青加黑，再加白。

群青：鲜蓝加粉紫。

青绿灰：白加云青，加少许藤黄，再加湖绿。

（6）其他类

雪青：白粉为主，加少许玫瑰红，再加少许云青，或加花青。

青莲：玫瑰红加花青，加银粉，再加少量溶化的牛胶。

香灰色：朱标加藤黄，加少许花青，再加白。

石色：赭石加墨，加白。不调匀时，可分出自然的深浅。

旧衣色：墨加云青。

以上所说，都是传统的颜料。现在，惠山泥人已经不用这些传统颜料了，其原因是：价格贵，成本高，而且不容易买到；使用时麻烦，费手脚。现在基本都用广告色（宣传色），使用方便。同时也用锡管装的现成的国画颜料，色感沉着、耐看、浑厚，更不容易褪色，利于收藏，价格略比广告色贵些。

三、彩绘的工具及其功能

（一）笔

笔是画泥人的主要工具。毛笔种类繁多，有大小、粗细、长短、软硬及优劣之分。

笔的性质分三类，软性、硬性和中性。从毛笔的笔头颜色差来看，呈白色的，大都是羊毛制成的，笔锋柔韧，称为羊毫，属于软性笔，这种笔，笔肚容易贮颜色，常用于大面积着色；笔毛呈灰色、

用于彩绘的各种毛笔

黑色或棕黄色的笔，为兔、黄鼠狼等兽毛制成，性质刚健，称狼毫，属于硬性笔，常用于开相（画眉眼）、勾金、描花、画线。除此之外，黑白混杂，毛色不一的笔，均为中性，性能介于软硬之间。

传统泥人的用笔都是专门定制的，20 世纪 60 年代开始采用国画笔，但开相笔及勾线笔仍是特制的。各种笔都有专用的功能，不能混用。惠山彩绘师傅用笔非常讲究，各类颜色都有专用笔，红色、黄色、蓝绿、白色、黑色、赭石色都不许混用。目的是保持颜色的明度和纯度，笔用过之后，要洗净，把笔毛捋好，放好。

各种笔其功能各不相同，常用的有以下几种：

① 面粉笔：用熟羊毛制成的大楷、小楷或水彩笔，多用来着面部的肉色。

② 打气色笔：也叫晕色笔,用于面部肉色上加红，突出面部神情。用新的小楷笔，笔尖蘸橘红色染在颧骨至眉毛之下转向面心，必须均匀。

③ 眉毛笔：也叫开相笔，一般要两支，即 1 号紫毫笔和画线笔。

④ 点眼笔。

⑤ 做嘴笔。

⑥ 点眼睛笔。

⑦ 着色笔。

⑧ 缀花笔，双描笔。

⑨ 勾花笔：2 号紫毫笔、3 号紫毫笔。

⑩ 画线、勾金笔：画线笔，国画小须眉，双料小狼毫。

⑪ 揩坯笔：油画 10 号笔，大型泥坯也可以用油漆笔，甚至可以用抹布。

⑫ 抚擦笔：油画 4 号、1 号均可，看泥坯大小而定。

⑬ 秃平笔。

（二）其他工具

① 笔筒：盛笔。

② 笔洗：盛水器。

③ 研钵、研杵：把颜色研细。

④ 笔架：在画的过程中搁笔用的。

⑤ 小刀：最好用斜口刀，用于修理坯子。

⑥ 白羊毛刷子：用于打亮。

⑦ 小碟子：用于调颜色。

用于加工颜料的石质研钵

⑧ 七星盆：存放少量颜色用，如开相的颜色等。

⑨ 竹（铅）针：用于通底座洞。

⑩ 大小剪刀：剪丝绸道具及铜丝。

⑪ 镊子：装胡须用。

⑫ 白羊毛刷：打蜡用。

四、彩绘程序及基本技法

王南仙：彩绘有一定的顺序，不能颠倒。这些基本程序都是几代彩绘艺人心血的结晶。

（一）准备阶段

（1）整理

整理是为了消除泥坯中存在的问题，以利于上色。全面细致地检查泥坯，就可以把隐患消除在准备阶段。否则，一旦出现返工，就是一件很麻烦的事，行话叫“倒手脚”。

① 首先检查泥坯是不是能站稳，不稳定时要对脚棒做前后左右的调整。脚棒超过底座的要用钳子把多余的剪掉。其次，检查脚棒洞是否畅通，不畅通的，要用铁签蘸水疏通，使泥坯能顺利地插入底座站稳。

② 检查脸部和全身是否有细小的龟裂纹，如果有，就用偏硬的泥蘸胶镶入缝内补平。

③ 检查是否有断掉手指、臂、腿、衣角、角套的现象，如果有残缺就用牛胶粘好，使之完整无缺。

④ 泥坯中线脚不齐整或有明显高低不平的地方，用斜口刀括齐铲平。

⑤ 用0号水砂纸将泥坯不平的地方擦平，使泥坯平整光润。

（2）揩坯

揩坯的目的是避免颜色在泥坯上起泡，并增加颜色的滋润度。方法是用一支9号油画笔蘸一点水在布上调整一下。擦揩泥坯，水要适中，多了会损害泥坯，少了揩不净。在擦洗泥坯时不能用力过猛，避免损伤泥坯轮廓，用软硬劲

揩坯，用油画笔蘸水擦拭泥坯

顺序擦，使之光滑。

（3）抚擦

粗货是用模子印制成的泥坯，中间有一条不易发现的缝，上白粉之后，往往会显露出来，叫暴口子。通过抚擦消除裂缝，上色后就不会显露。

手捏戏文的坯子虽然在整理时已修补好，但仍有痕迹，通过抚擦把这些痕迹抹掉。抚擦的方法是，先把丝棉撕成小条，宽窄视缝口大小而定，接着用油画笔将泥浆涂在缝口，然后把丝棉纸条贴上，再用沾有泥浆的笔在丝棉处顺着纹理把泥浆涂满，要涂得平整，不露痕迹。浆水干后，与原坯相似。

（二）初步阶段

（1）打底，抚擦之后，凡是淡色的地方，都均匀地拓一层粉，落笔要快一些，一般上一次白色就可以了。要注意胶的轻重，胶轻会掉色，胶重会开裂。用笔要注意笔头中的白色量不能太多，多了会“淌眼泪”，或在凹处积粉，干后有粉缝；白粉少了会因不匀而发花，出现这种情形时再顺一遍。打白粉底色的作用是使颜色保持明度和纯度。

（2）拓面粉。整理好泥坯后，在上色之前，先要编号，主要是防止泥人与底座的脚棒混乱。因为手捏泥人的每一套人物的脚与底座都不一样，因此一定要编号。老艺人用传统的符号编排顺序，从1到20分

打底，白粉底

上过底色的成白色，未上底色的呈泥胎原色

上底色，深色服装部分可以不上底色

别用特殊符号表示。

拓面粉也叫“头色”，头色包括两个方面，一是肉皮色，一是头部的装饰色。拓肉皮色用羊毫笔，小楷或中楷，笔要软，硬笔拓上去不均匀。拓肉皮色用笔要轻，俗称软硬功，笔头中的白粉不要贮得太多。第一次拓完后，在要干未干时再拓第二次。若出现不平，用水砂纸轻轻磨平，务必使面部光洁滋润。在鼻子底下、眼窝、眼角处如果有积粉，要用笔掸净，保持面部轮廓清晰。第二次拓完后，再把露青筋的地方，重点拓一次。趁将干未干时再拓第三次肉皮色，用笔一定要轻，不能有笔触的痕迹。拓色最多不超过四次，过多日后易裂粉痕。为什么在拓第二次时要选将干未干的时机呢？因为太干了会起泡；太湿了会显露青筋（露底）。

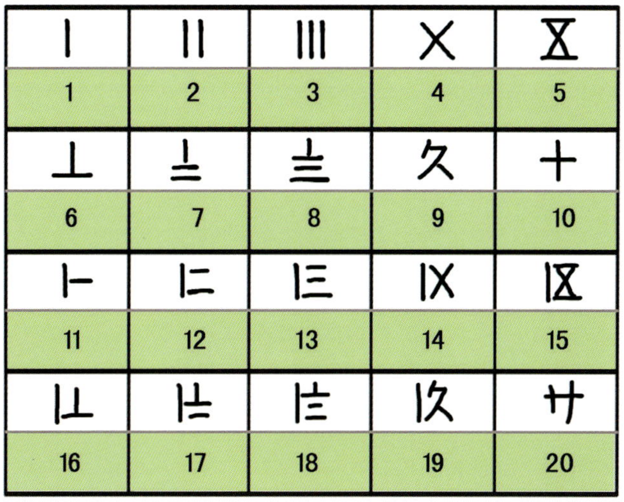

泥人编码符号表

上头色，也叫拓面粉

（三）正式阶段

1．开相

开相是彩绘中重要的环节，人物表情首先集中在脸部，画得好不好，直接影响作品效果，俗话说“头要紧”，“相活戏才活”。开相的步骤分为四步：

（1）上气色，也叫掸面或晕色。粗货的肉皮色大都是白底色，所以用肉皮色作气色，也有人用溶化过的玫瑰精作气色。用一支扁笔，一头沾点玫瑰精，在笔上分出深浅，然后将有色的一端向里在左颊右颊上各转一圈。惠山艺人叫“打气色”。另一种打气色的方法是：笔蘸了气色之后，在面部左边眉毛下落笔，顺着左下到鼻子下面，再连画到右边眉毛下为止，勾成一个元宝形，把鼻子留出来。这种民间的画法，有传统的装饰效果。

细货的掸面，先把大楷笔或小楷笔的笔头用大拇指和食指挤成扁平，然后用扁平的笔头蘸微量淡玫瑰精溶液，笔头必须分出深浅，然后将深色一端在脸的左颊上从右往左轻柔地转一圈，这样使脸部晕出红的气色，然后在右颊上转一圈，这种画法叫掸面。转得均匀，效果就自然、耐看。假如用深肉色来晕色更容易出效果，是一种很好的写实表现手法。由于这种技巧要求高，不易掌握，现改为搽红的方法来代替掸面。具体做法是，用新的小楷笔，在笔尖上蘸一点桃丹或朱红的三花粉，轻轻地搽在面额上。气色的大小部位根据人物特征而定，也可以用化妆粉中的红色，但不能用油性红色。

上气色，即掸面

用于打气色的胭脂

搽红不仅用在脸上，在仕女或孩子的手心、脚趾，罗汉的胸、胸大肌、下腋、肚脐、乳头等处都要微微搽一搽红，这样的皮色就有生气，不死板了。

搽红要均匀，根据人物特征的需要决定深浅。用笔注意轻重，手腕要灵活自然。

（2）点眼白：开相首先要点眼白，眼白的大小长短根据坯子上眼眶的大小长短来定。眼白粉不能稀，稀薄的白粉画出来会露底，变成红眼。太厚的白粉会脱落，点出眼眶就会变眼屎。点眼白要根据眼睛的大小及人物的表情来决定。

（3）做嘴。嘴是反映人物喜、怒、哀、乐等表情的重要部分，嘴的开闭形状一定要画得具体。老艺人常讲："若要笑，嘴角往上翘；若要哭，嘴角往下拉。"例如樱桃嘴，用于旦角；菱角嘴，用于青衣；元宝嘴，用于小生；弯弓嘴，用于武生；畚箕嘴，用于老生。

（4）画眼睛。眼睛是心灵的窗户，在画眼睛之前，脑子里应该有一个明确的形象，这样就能做到意在笔先。常规的画法是：根据眼睛不同的轮廓在眼白边上用淡花青画出上眼皮和下眼皮。为了画得顺手，要掌握好笔中的贮水量，笔肚贮水太多，容易滴色，出现这样的情况就很糟糕，将被迫返工，要从拓肉皮色阶段重新开始。为了避免这种情况的出现，应该在

画眼睛

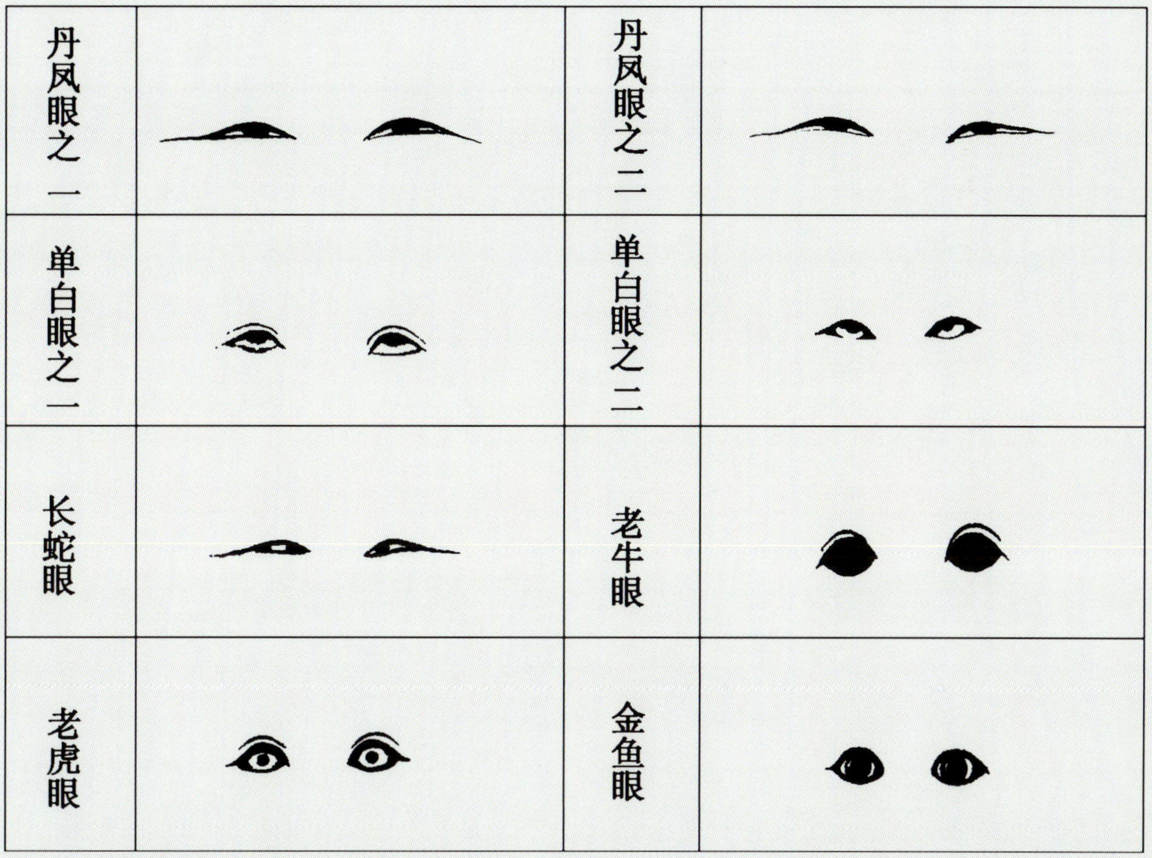

泥人眼睛示意图

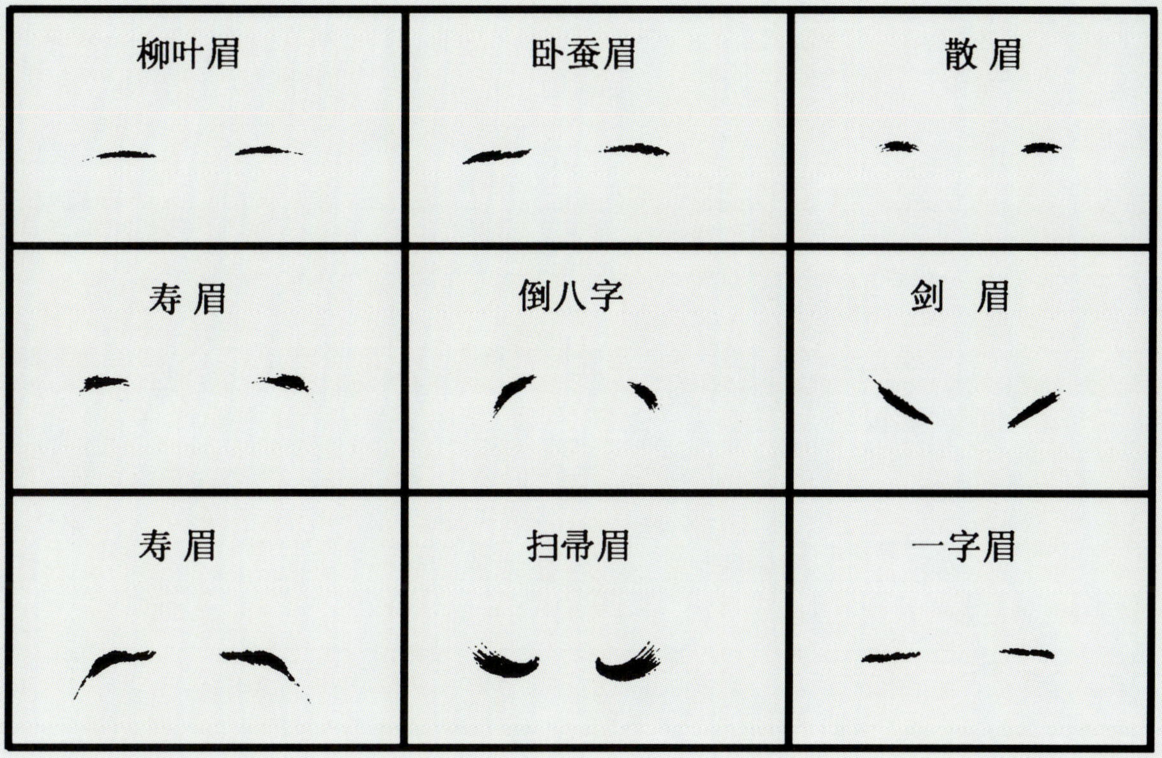

泥人眉毛示意图

桌子的右边放一块湿布，以挤不出水为好。让蘸有花青的笔头在湿布上顺一顺水色，再画上下眼眶。需要画双眼皮的时候，在上眼眶左右再加画一笔。此时顺手把前刘海或鬓角画出底样。为了使眼睛有层次深度，要用墨色画上眼眶，下眼眶在眼梢和眼根处用淡墨加深，眼眶神气吊出来了，就会有立体感。还有一种情况，画现代女性时，在上眼皮应画青黛，将淡花青加白调匀，用半笔法晕在眼皮上，然后点眼白。

（5）画眉毛。眉飞色舞这句成语说明了眉毛与表情的紧密联系。老艺人把泥人的眉毛也做了分类，眉毛分为：①柳叶眉，形如柳叶，用于花旦、仕女、少妇等角色。②卧蚕眉，形如一条蚕宝宝，卧着，用于中年男子和小生。③散眉，眉短而稀，用于小孩。④寿眉，长眉毛，用于老生。⑤倒八眉，眉形呈八字，用于坏人反角。⑥剑眉，眉如剑状，用于武生。⑦一字眉，眉呈平细状，用于老旦。⑧扫帚眉，眉形如扫帚，用于大脸。

（6）点眼珠。一个人的眼神表情与眼珠的大小和左右位置分不开，眼珠的方向与视线是一致的，一般眼珠不应画成圆形。在画正视的眼珠时尤其应该注意，不能画成圆形，否则，就会给人一种瞳孔放大、恐惧、呆板或相当可怕的感觉。因此，正视的眼睛的眼珠只能画大半个圆形。至于眼睛的高光点，也只能画在眼珠视向的一边，不能放正中，20 厘米以上的泥人才需要点高光点。

为了表现眼睛的弧度感，在眼角与眼根角上，用淡花青略微加深一点，但眼白中心和眼珠边上要保持纯白色，这样一双眼睛就有神了。

在惠山泥人彩绘中，常用的眼睛有：丹凤眼，长而俊秀，用于花旦；老鼠眼，小而突出，用于瘦丑奸猾之人；长蛇眼，凶险阴森，用于奸臣和师爷；单白眼，平淡无奇，用于小生或丑角；斗鸡眼，眼珠相斗，用于恶仆丑角；老牛眼，大而无光，用于愚蠢人物；金鱼眼，眼珠凸出，用于老生；老虎眼，大而有神，用于老生。惠山手捏戏文，一般两个人物为一套的较多，两个人的眼神要相互呼应，“相活戏就活”了。和舞台上动态的人物不同，泥人是站着不动的，全靠眼神来说话。

图画头花

（7）鬓发的画法。仕女、小孩的刘海，男女的鬓发都是头部不可分割的组成部分，关系到形象的美与丑，因此用笔要齐整，笔路要清晰。在开相时，用淡花青将刘海、头发、鬓发的大略形态勾画出来，在此基础上逐步加深调整，慢慢过渡到深色，一般画三次，淡、偏深、深。笔触不能乱，要整齐，三个层次都要清楚均匀。

画脸谱之一

画脸谱之二

画脸谱之三

完成开相的情形

王南仙画的脸谱之一

王南仙画的脸谱之二

（8）脸谱的画法。在惠山传统泥人中，脸谱是主要品种之一，是以京剧人物脸谱为依据，为适应泥人生产工艺而进行再创作的结果，是在保持京剧脸谱基本特色的前提下进行的概括、提炼，与舞台戏曲脸谱不完全相同。惠山泥人的脸谱以大花脸、二花脸为主，花旦、生角极少，一般在配套时才会出现生旦。在画大花脸时要注意强调人物的个性特征。具体画法是：整理、揩坯、抚擦之后，先从涂白底开始，然后掸面（晕气色），再着深墨勾花纹，在此基础上加勾淡墨和其他各色花纹。最后画嘴唇。如果面孔上有大色块，必须先拓好色块再勾黑墨。

2. 上色

头部画好后，接着是画身上的颜色，称之为着色或上色。着色分大色与小色两部分。大色指身上大块面的颜色，如袍、裙。小色指小块面的颜色，如鞋、靴、袖边、袍套和其他小零小碎。大色要特别注意胶的轻重，胶轻了易掉色，胶重了易龟裂。

泥坯上着色，不同于纸上染色，必须拓一层白色作底色，使颜色明亮而新鲜。还要根据色彩的特点作不同的底色处理，例如，粉红、粉绿、粉黄等色应用白色打底；藤黄、大红、朱红、玫瑰红等色应用肉色打底；较深的赭石、黑色、灰色就不必打底。

着大色时，笔肚中贮色不能太多，多了会淌色，甚至积在凹处，干后有粉缝。笔肚贮色太少了会拓不匀，发花。着身色时不能超过三次。先将底色拓好，然后拓浅色，再拓深色，由浅到深地把大色着好，大色完毕后就着小色。必须说明一点，若泥人有底座的，底座留在后面着色；没有底座的，把下身的色留下来以后再着色，留着的地方，就是手拿泥坯的地方，主要为了便于操作。

服装上色之一

服装上色之二

服装上色之三

着色时注意事项：

① 玫瑰红是用胶水调的，有透明度，因此只能着一次色，不然在重复的地方就会发深，甚至发黑，这样色块不均匀，效果不好。石绿、群青虽不透明也只能着一次，着两次的话色泽不容易均匀，易发花，很难看。一般的浅色，如粉色，涂两次色就能达到均匀的效果。若颜色厚时，只能涂一次。

凡属重胶的颜色，必须一气呵成，不能间隔，乘颜料未干时一次性拓好，否则会出现高低不平的现象。

② 色与色的交界处，笔触要齐整，两色不能混界，这一色搭到另一色上，互相搭来搭去，会非常难看。

③ 着大色时，红、黄、绿、青等颜色的笔不能混用，混用之后，颜色不纯，影响透明度。笔用过后要洗净，洗笔要经常换水，保持它的清洁。着小色时，笔触要干净齐整，万万不能两色之间有搭色现象。

3. 描花、勾金

王南仙：描花、勾金是彩绘的尾声，一定要处理好，马虎不得，不然会影响总体效果。描花、勾金必须根据人物的身份、个性特征、时代风貌来巧妙地处理，图案纹样布局应突出“重前不重后，重上不重下”的原则。这是惠山泥人彩绘惯用的手法，粗货中几乎都是这样处理的。例如，大阿福、小阿福、小花囡、如意，画工全部集中在前面，背后只有一块土朱色。脸部开相及画头发十分讲究，身上花纹也是集中在上身，下身的裤子只是一块颜色，不描花，鞋子也是一笔头。细货手捏戏文也是这样的处理方法，丰富的色彩及讲究的纹样也是集中在前面，背后纹样就简化了。如果样样想突出，其结果是什么都不突出。

图案纹样与主要色调的关系是“远看颜色，近看花”。只有这样才会有看头，远看是总体颜色效果，近看是品味图案纹样。

设计图案纹样时要注意不要画得太多、太乱，力争以少胜多，惠山艺人常说“少里看多”。但需要很多纹样时，也不能给人有乱的感觉，要有整体感，应条理清晰，要求“多里看少、少里看多”。

勾边之一

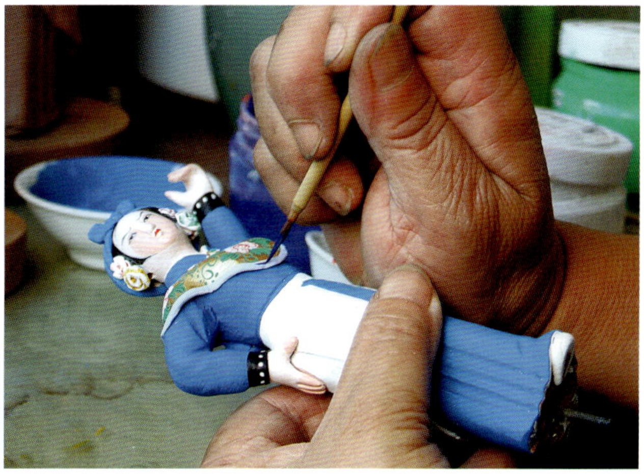

勾边之二

画领口

画袖口装饰纹样之一

画袖口装饰纹样之二

描金之一

描金之二

描金之三

描金完成的情形

描花的几种方法：

（1）画线：主要是拉直线，画横线。这种线要画得直，从头到尾粗细一样，宽窄距离相等。用笔要领：直线要直，曲线要活。落笔如飞，粗细均匀。

（2）画圆：泥人上画圆形图案不可能用圆规，必须依形用笔，尽量把圆画正。

（3）勾线：用于花瓣边线和叶筋，云彩的深浅复线，衣服边色和边线，各种纹样都需要勾线，用笔要活，不能呆板。

（4）半笔头：是深浅色一次性画法。先将淡色贮在笔肚里，笔头的一端蘸上深色，用退晕的方法画出色彩。还有一种是在笔尖上蘸深色，接着是用捺的方法画出纹样，这种方法很讨巧，不用画过渡色，由深至浅自然过渡，是一种常用的方法。

（5）拓笔：用于纹样底色的画法。笔蘸色后，用拓的方法把一块纹样底色上好，虽然偶有笔路及露底，但待剟花勾线以后，就有丰富而自然的效果。

（6）点笔：用于画小圆形。具体做法是用笔尖蘸厚色，要达到饱和程度，然后一点一点地点出来，因为色有厚度，点出的点子有立体感。

（7）触笔：这种画法用于胡须根及动物皮毛的斑纹。把小楷笔在笔肚处剪平使用，笔肚蘸墨，在纸上先触一触、试一试笔肚中贮色量是否适宜，觉得适宜了，再往泥坯上触出斑纹。

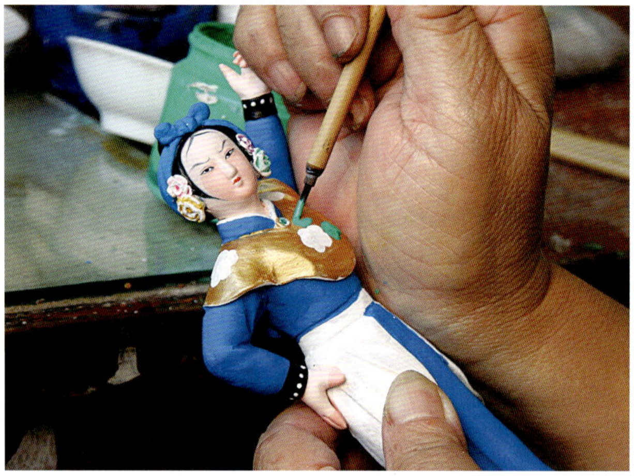

在披肩上画花之一

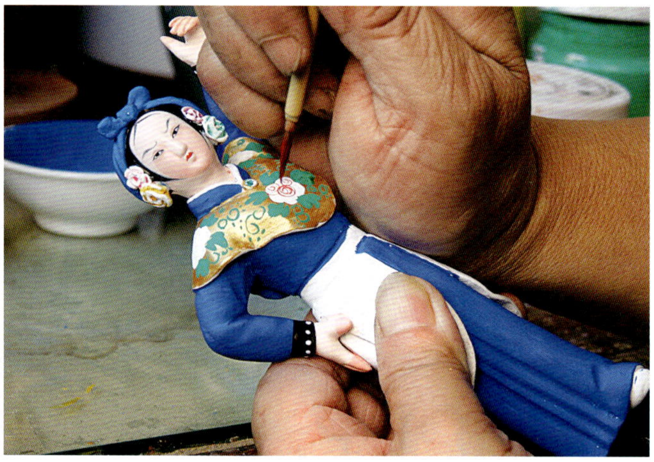

在披肩上画花之二

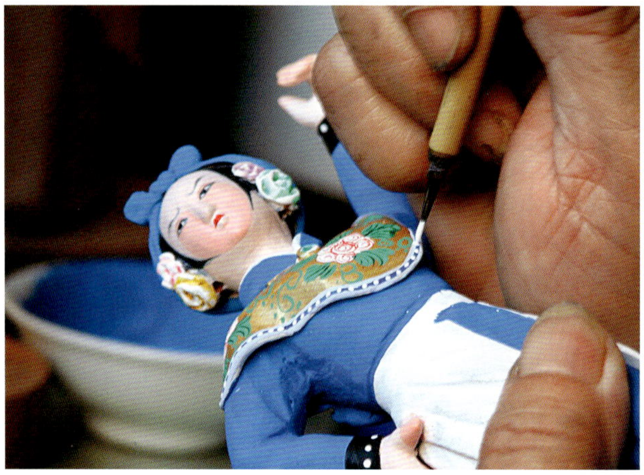

披肩加花边

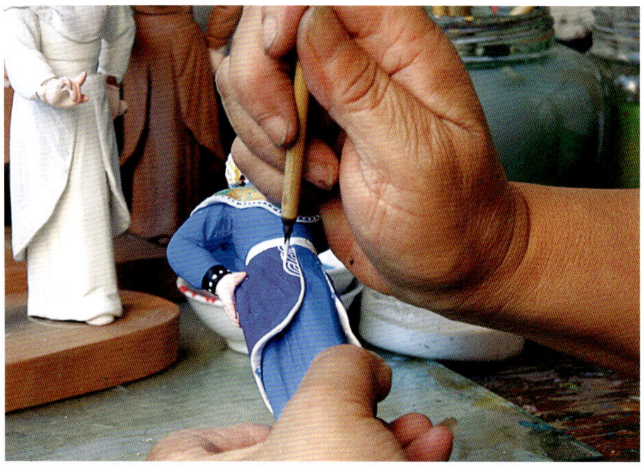

画服装纹饰

完成彩绘的情形

勾金是泥人彩绘的最后一道工序，千万要小心，不能出差错。此时必须仔细观察泥人总体彩绘效果，若感到太跳动或太刺眼，就用金银色调和。若感到太平淡了，用金银提色。再不行，就用黑色，促使效果明朗化。勾金有五种方法：

（1）勾金：用1号紫毫笔蘸金勾画，笔肚贮金要适中，笔触要干净，线条要流畅。注意调金的量不宜太多，用多少，调多少，这样能保持一定的亮度。

（2）拓金：细货中的戏文长靠武生有盔甲，需要涂一层金或银，具体办法是，先把泥坯需要涂金处用牛胶或蜡克（清漆）打底，然后用金水油与金粉调和，用笔涂在牛胶处，这样做能保持光亮，不易掉金。若不用胶或蜡克打底，直接拓金，金色会发黑。

（3）泥金：将牛胶涂在泥坯上，晾干后再涂瓷漆，趁瓷漆稍干未干时，用笔蘸金粉，轻轻拍上。金粉被沾在瓷漆表面，不会被油漆吃进，光泽很强。但遇风吹之后，光泽稍有暗淡。

（4）吹金：传统《九狮图》的底座面上都涂石绿，但四周围高低不平，而且全部涂的黑色，此时用泡立水（蜡克也可以）在黑底上罩一层，乘未干时将金粉直接用嘴吹到坯子上。吹上去的金很自然，产生一黑一亮强烈对比的效果，沉着中透出明朗，这种方法简单易学。

（5）贴金：传统的手捏戏文如皇帝的身上画有龙袍。铎老艺人就将舞台上穿的龙袍，用金色简化成云块，再用白色勾线，以云头代替龙袍的纹样，传统手捏戏文大都是这样画的，又简单又有装饰性，又很像龙袍上的纹样。

贴金要用真金做成的金箔，将生漆涂在泥坯上，趁漆将干未干时，用笔把金箔同衬纸一起贴在泥坯上，来回揩平后，将衬纸拉掉即成。金箔很薄，怕风吹，因此贴金时要关好门窗，平心静气地贴，否则金箔会被风吹破，造成浪费。如果有碎金剩下，可以包起来，留着修补空白时用。贴金也可以在涂生漆前打好底色，效果更佳而且能经久不褪色。为了使金、银达到光泽度高的最佳效果，金粉必须用黄色或红色打底，银粉是用白色打底，通过化学反应，金银色的特点都能体现出来。

4. 上光打亮

为了保护泥人，必须上光打亮，方法如下：

（1）打蜡法：用软毛的刷子先在白蜡上刷擦，再往画好的泥人脸、手、脚等部位来回刷。通过刷擦的部位会附着一层薄薄的蜡，并出现亮光，与真人皮肤的质感相似。打过蜡的部位遇到滴水不会马上掉色。

≫ 在完成彩绘的部分打蜡

这块已有 100 多年的蜡是陈浩泉送给王南仙的礼物

打过蜡的彩色会比没打蜡的部位略深一些，如果想保持原来的彩色效果，就只能在凸出部分打蜡。用白蜡打亮的优点是日久不会发黄，永不褪色。

（2）重胶法：在较深的颜料中加倍调胶涂在泥坯上，可以结成一层薄膜，产生暗光，黑色、深玫瑰红、乌绿、孔雀蓝、朱标等色都可以用此法上光。优点是色泽沉着，缺点是风吹之后会翘皮剥落。

（3）涂胶法：用淡胶水在色彩上均匀地罩一遍，这种方法光泽最淡，可用在较深的粉色与大色上。牛胶可以保护色层，不易褪色，但不能随便使用，不适合涂在浅色上，涂在浅色上会发黄。

（4）蜡克上光法：蜡克也叫清漆，使用时要加适当的香蕉水，冲薄调稀之后，才能使用。一种方法是用笔蘸蜡克涂在较深的颜色上；另一种方法是用喷枪将蜡克喷在泥人上，优点是均匀、不容易掉色，但日后要发黄，这种方法在泥人行业里普遍使用。

（5）泡立水上光法：泡立水是松香和酒精的溶合剂，使用方法与蜡克相同，泡立水价格便宜，过去大都用于粗货。泡立水的缺点是容易泛黄，涂在黄色上效果最好，涂在蓝色上会变成绿色。现在已经不用这种原料上光了，原因是泡立水要12小时之后才能干燥，周期过长，影响生产速度。如果非批量生产时也可以使用此法。

王南仙收集的服饰花边资料

服饰团花资料之一

服饰团花资料之二

服饰团花资料之三

内裙外裙彩绘细部

泥人袖口花和袖口花边彩绘细部

外裙彩绘细部之一

外裙彩绘细部之二

下裳彩绘细部

云肩彩绘花纹细部

彩绘人物特写之一

彩绘人物特写之二

五、惠山泥人的传统装饰技法

（一）装饰概说

泥人上光之后，似乎彩绘就完成了，事实并非完全如此，还有一道惠山传统泥人中特有的装饰手法，在惠山泥人行业中称之为装饰或装銮。这种惠山泥人中的装饰艺术在全国其他地区的民间彩塑艺术中很少见到，正因如此，才显示了惠山彩塑艺术的自身特色。

装饰的需求一方面源于人的爱美本能，俗话说：爱美之心，人皆有之。就说原始人，也要用贝壳、龟壳把自己打扮起来，何况现在的人呢？另一方面源于民间艺人销售的需要。为了使泥人更好看，更讨人喜欢，就尽心尽力地美化它。第三方面源于民间审美情趣，装銮后的泥人富有趣味性，能触动观赏者的兴趣，从中得到精神享受。所以一件泥人要尽量“闹猛”。

“闹猛”是无锡方言，意思是把泥人装饰得丰富多彩。惠山老艺人有一种说法叫“吊鲜头”，把泥人的装饰搞好，泥人就能达到“醒目”的视觉效果。有看头就能拉住人，顾客就会买这种泥人。

惠山传统泥人装饰特点是构思独特，取材随意，做工讲究，效果醒目。装饰方法有裱、剪、贴、装、削、刻、折等多种手法，是一门综合性的技法。

（二）装饰的原材料及用法

（1）各种型号的铜丝或铅丝，做小道具上的杆、树枝、马鞭内心支撑。

（2）丝棉纸：绕在铜丝上，便于上胶和插在泥人上。

（3）丝绒或丝棉：红、白、黑色，用来做泥人的胡须。

（4）生丝：红、白、黑各色生丝，做脸谱的胡须。

用于制做泥人胡须的各色丝绵

（5）各种绫、绢、绸：做戏文的靠旗、令旗、飘带、腰带。

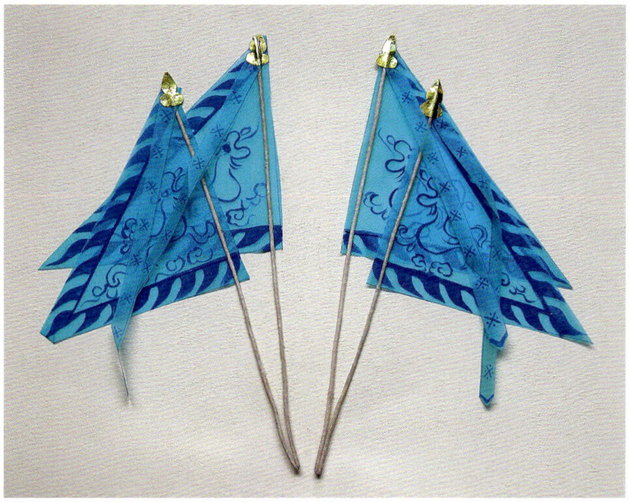

用丝绸做的靠旗

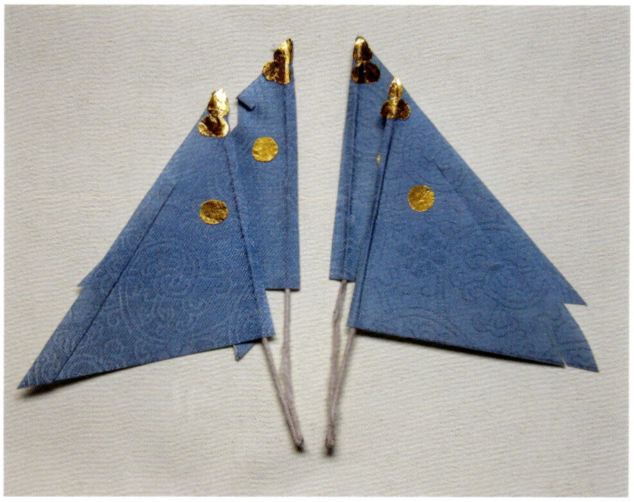

靠旗用于武生装銮

（6）大红缎子：用来做戏文中台围、裙子。

（7）各色绒花球：用来做帽盔装饰。

（8）各种大中小珠子：用来做帽盔装饰。

用于装銮的材料，自制绒球

用于装銮的材料，小玻璃珠子

（9）小绢花：泥人头上的装饰用品。

（10）各色丝线：做排须用，做剑穗、盔帽、腰带、佩带。

用于装銮的材料，丝线与穗子

用于装銮的材料，丝织穗子

（11）孔雀毛：做手捏戏文武生的翎子，也可做扇子。

（12）各色电光纸和皱纹纸：绫和绢的代用品。

（13）小竹片、木片：用来做扇子、刀枪等兵器。

木质道具刀

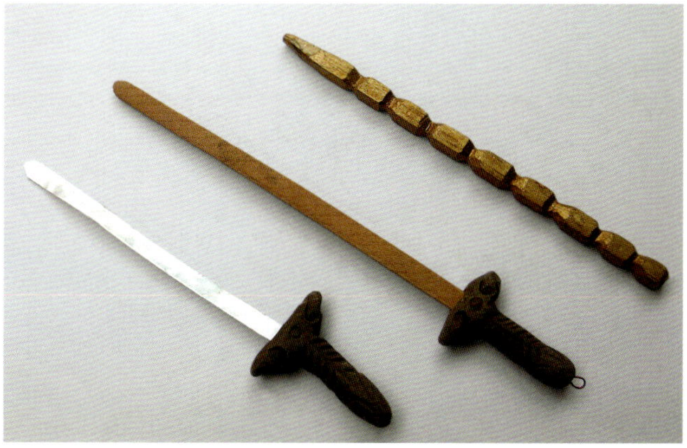

用竹木、泥土和金属制做的兵器

用竹木制做的兵器

（14）小竹根、小竹节：小竹根做老寿星的龙杖；小竹节做动物的足。

（15）兔皮、兔毛：用来做皮袄的边和小猫、小狗的颈毛。

（16）羊毛：用来做马尾巴，虎的胡须和猫须。

（17）丝切银：是用金银纸带缠在铜丝上使之变成一条金银丝条，可用做空中飘飞的带子。

（18）玻璃粉：在泥坯上涂牛胶，将玻璃粉粘上，可用做花线，有一种特殊的效果。

（19）浆糊：用来裱糊绫、绸等纺织品。

（20）木胶：用来粘贴道具和小附件。

装饰的工具：缝纫剪刀用于剪绸、布、绫、纸等软质材料；大号剪刀，用于剪铅丝、铜丝等硬质材料；镊子，尖嘴钳用来装配各种附件。

六、惠山传统泥人中常用的图案

惠山传统泥人的图案是指立体泥人的服饰纹样，这些纹样的组织方法有：

（1）把服饰纹样的重点放在视线内，也就是说在泥人的正面部分。凡是一眼看不见到的地方如背面、两侧就少画，甚至不画纹样；两边转折处的纹样，往往只画一半。

（2）纹样要集中在上身，下身少用，叫做“重上不重下”。要省略那些可有可无的纹样。

（3）为了维护整体效果，纹样要画得少而精。少是指省工，精是要好看，更要耐看。

（4）切忌把人物身上的图案画得满满的，透不过气来，既费工又不好看，叫做吃力不讨好。

惠山广大群众都喜欢买个泥娃娃讨吉利，祈求实现美好的愿望。因此，泥人身上少不了吉祥图案。常用的主题图案有：福寿双全（福字加蝙蝠）、连年有余（莲花加鱼）、五福捧寿（五只蝙蝠围绕寿字）、多福多寿（一群蝙蝠一堆桃子）。常用的图案纹样有：如意云头、回纹、云纹、冰裂纹、寿字、喜字、曲水、鱼鳞、绣球、团寿、团花、团龙、团鹤等等。这些内容都表达了人们的理想和追求。

图案纹样内容根据人物身份、个性、环境、情节的需要而决定。我们见到的惠山传统泥人上的几种常用图案如下：1.长脚寿、团寿、梅竹，适用于有身份的老年人的服装。2.团球花、百吉、蝙蝠花，适用于孩子的童装图案。3.云锦花、小浪花、五色云，适用于神仙、佛祖穿着。4.草花、芙蓉花、牡丹花、点点花、荷菊，则是一般富贵人、仕女的服装图案。

粗货图案纹样都画得很随意，用大笔头剟花，不精工细描，如蟹爪菊、绣球花。

七、泥人的保护

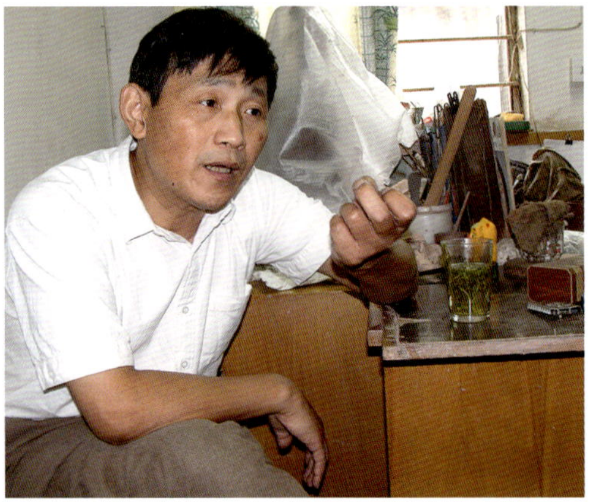

专门为喻湘涟、王南仙烧制泥坯的路朔良先生接受本书编者采访

彩塑泥人的最大缺点是易碎。通过多年来的探索，终于找到了增强泥人强度的办法，泥人入窑低温烧结后能增强牢度。为了长久保存手捏戏文的作品，还是烧结为好。

要做好泥人精品的保护工作，还有以下几个方面值得注意。

（1）防尘。灰尘会使泥人变色，必须将泥人精品放入玻璃橱窗内，才能隔尘。在上色过程中，若暂时中断工作，必须用丝棉纸盖起来，切勿用报纸直接盖在泥人上，因为报纸的油墨容易沾在泥人上。如果作品已经落尘了，可以用干净的软毛笔在作品上轻轻掸尘，经常掸灰尘能保持作品的原有的色彩。

（2）防捏。主要指出手出脚的细泥货，容易碰坏、捏脏，因此要尽量避免直接用手捏，尽可能用干净软纸和手绢垫好再去拿泥人。拿泥人时，手要捏住泥人的底座或仕女的裙下，尽量避开上身或头部。

王南仙展示泥人时，重点作品都包有透明塑料布

（3）防晒。泥人的色彩大都是不易褪色的，但是，如果把泥人放在经常晒太阳的窗口，就会褪色、落色、翘皮甚至剥落，所以泥人应放在干燥而晒不到太阳的地方。

（4）防水。泥人最怕水，即使是经过烧结的泥人也怕水。因此，泥人不宜放在窗口，以防雨水侵入，更不能用湿手去拿泥人。应放在不易有水的安全地方，有专橱存放陈列最好。

（5）防气。泥人作品中经常要用金色、金粉，这些颜色遇到煤气后要变黑，因此画泥人或保存作品时都要与煤气隔离。

这些都是保护泥人最基本的常识，不难做到。

在1988年，当时没有研究经费，只能自己解决。研究所里的领导叫创作人员自己在家里卖泥人。每个人销售泥人的额度根据职称工资来确定，每人每月需销售1000多元，完不成指标就扣工资。大家都想尽办法搞一些翻模子印坯、出手快的品种。我就创作了《童子阿福》、《六虎》、《花猫》、《元宝阿福》、《小淘气》、《京剧脸谱》等，自塑自彩，以此完成自己的任务。我经常注意喻湘涟的

喻湘涟的泥人展示柜，柜前有布帘遮挡，以避光

捏法，所以也做过一些手捏戏文，如《和合二仙》、《簪花仕女》、《宝琴踏雪》、《红楼梦仕女》。没有喻湘涟捏得好，我就在彩绘上下工夫，画得特别讲究。惠山泥人叫“三分塑七分画”。手捏戏文这门传统艺术，一定要保护好，不能让它失传。现在提出非物质文化遗产保护问题，非常重要。要做好传承人的工作，让这门艺术传下去。

台湾《汉声》包装泥人的方法非常讲究，在包装箱外都有作品照片

本章小结

通过王南仙的讲述和实际操作演示，惠山手捏戏文的彩绘、装銮要领已经基本清楚。王南仙总结的“清、新、齐、爆”，是惠山泥人彩塑的最高境界。艺人们所说的“三分塑七分画”，强调了彩绘在惠山泥人创作中的重要作用。但是，彩绘的具体方法并不能通过阅读文字资料而掌握。彩绘技法是一个展现综合艺术素质的过程。只有充分理解中国民间美术的基本规律，经过长期的实践，才能创作出符合大众审美意识的精彩作品。王南仙的艺术实践和所取得的艺术成就即基于对中国传统美术的倾心研究。

了解彩绘技法的基本要领，有助于读懂惠山泥人的艺术内涵。

注释

[1] 油影：颜色中如果有油，彩绘后颜色的周围会出现渗出的油渍，称油影。

第五章

大师谈泥塑艺术

本章综述

时　　间：2006年7月23日晚上

地　　点：喻湘涟的工作室

口 述 人：喻湘涟、王南仙

采 访 人：王连海、更　生、林　芳、周　佳

录音整理：林　芳、周　佳

本章两位大师重点讨论了以下问题：

1.惠山泥人彩绘与塑形的关系：塑型与彩绘是相互依存、相互补充的辩证关系。最理想的境界是“高坯高画”。希望今后的艺人能塑绘合并，捏坯的人会彩绘，彩绘的人也会捏坯。

2.惠山泥人的特点：与北方的彩塑相比，惠山泥人具有江南水乡的秀美和甜润；与其他地区写实风格的彩塑相比，惠山泥人具有写意的倾向，并具有鲜明的装饰性。

3.惠山泥人的流派：现在惠山泥人分为民间派、写实派和学院派。写实派是以创新为主创作新的惠山泥人；学院派是完全以现代雕塑为主进行创作；最为可贵的应当是民间派，它继承了惠山优秀传统，坚持惠山泥塑的传统风格，创作了多种手捏戏文和少量粗货。

4.惠山泥人与戏剧的关系：惠山手捏戏文所表现的题材大部分来源于戏曲，但是又不拘泥于戏曲。形式上表现了戏曲场面，但是又不同于舞台场景，是经过彩塑艺人分析、选择、概括之后再创作的结果。

5.惠山泥人所面临的传承问题：首先，惠山泥人正面临着失传的危险，后继乏人是最为紧迫的问题；其次，如何认识和保护惠山泥人的传统风格和基本特点，也是需要下大力气才能解决的问题。

6.对非物质文化遗产的认识：关于惠山泥人，无论是历史遗留的优秀作品，还是现在创作的优秀作品，都是非物质文化遗产的典型代表。其中口传心授的经验和方法所蕴含的创作思想、审美趣味以及一套完整的手工技艺，都体现了非物质文化遗产的特征，是民族文化的精华。

一、惠山泥人绘与塑的关系

王南仙：惠山泥人是民间彩塑艺术，件件离不开彩，彩绘是彩塑的有机组成部分。一件泥人首先跃入眼睛的是色彩，而不是造型。在泥人设计中巧妙地运用色彩表达作者的意图，是非常重要的。在惠山泥人行业中，艺人常提到的"三分坯七分彩"，强调了彩绘在惠山泥人中的地位和作用。如果坯上存在某些不足，在彩绘时能给予适当的弥补，使作品达到预期的效果，俗称"低坯高画"。反之，一件较好的或好的泥坯，落在蹩脚的画工手里，那就有可能前功尽弃。彩绘这道工序是一件作品成败的关键所在，作品效果的好坏也取决于彩绘水平的高低，高坯高画才能创作出惠山泥人的精品。

我从艺将近50年，至今才真正理解了惠山传统彩绘精华所在。我认为，惠山泥人传统彩绘艺术特点是：一是具有江南水乡浓郁的乡土味。一方水土养一方人，惠山泥人与北方彩塑之间存在着差异，黄土高原的民间彩塑用黑色或深色为基调，用笔干涩、粗犷。二是惠山泥人则是多用白色，常用青绿为基调，讲究用笔流畅，清晰明快。彩绘对戏文来说，具有特别重要的作用，不仅仅是常言说的"三分坯子七分画"，如果在所捏的坯子上有某些缺陷的话，还可以给予适当的补救。如果高手彩绘，常常使整套手捏戏文光彩夺目。

《大阿福》（喻湘涟、王南仙）

喻湘涟："为什么无锡泥人绝大多数都是坯跟彩分开的呢？"这是中国美术馆的李寸松先生给我提出的问题。我就努力寻找这个问题的答案，后来写了一篇不成文的东西。我没有给他看，但是我自己就明白了这个事情。当时是什么原因使制坯跟上色分开了呢？一是为了快，要做生意；二是贪省事，就是偷懒，是偷懒思想的一种表现。在我外祖父居住的那条街上，艺人们全都是印坯子的，捏戏文坯子的，包括杨阿荣师傅也在我们那里。像王南仙她们在山门里边的，都是画坯子的，实际就是带顾客拿坯子，拿坯子画完马上就卖掉。这里有个生产体制跟结构的问题。我们把捏和彩分开做是现实生活促成的。当然连捏坯带画的人也有，只是少数。

从历史上看，丁阿金是自坯自画的，他捏的东西很简略，他要求自己快点画出来，所以有时候捏得很简单，有些可以不表现的、可以省的他就省掉了。比如说，周阿生跟陈杏芳搭档，就属于捏和彩分开的，周阿生捏得很工整，陈杏芳也画得很工整，装饰味也很浓，这也是两个人个性的结合，戏文的感觉就出来了。这是当时历史环境下产生的，不是某某人意识到要分开来才好，或者一个人干才好，不是的！

王连海：我看柳家奎写的那本书上说，捏和彩大概是在同治年间开始分开，在此之前还没有分。不知道他是怎么考证的。

喻湘涟：我也不晓得是什么年间开始分的，所以不敢妄下结论。我看到的有好大一部分都是捏和画分开的。在我们家，我的外祖父他会搞设计，所以他就把一家人都做了分工，有印坯的、有上彩的。又做了品种的分工：你专门画观音菩萨，你专门画泥兔，他专门画小麻雀，他专门画春牛……一个人一个品种。

我的观点是往后培养接班人不要再分开，要培养成既会坯又会画的人。假设要我带学徒，除了我全教坯之外，王老师还要教上彩，既要把我的这套拿下来，也要把她的那套拿下来，能捏也能画。

二、惠山泥人的艺术特点

喻湘涟：什么是惠山泥人的风格特点呢？过去的老艺人、师傅们以及专家们都有各自的看法，本乡本土的惠山泥人行业中也有自己的说法。我请教过手捏戏文艺人陈阿兴师傅，他回答得很干脆："三笃板，就是俺伲（我们）的风格特点。"师傅蒋子贤说过："俺伲（我们）的风格特点，做得细气（讲究、细微不足道），闹猛（有富丽的装饰），有看头。"外祖父蒋金奎说："惠山人做的末事（泥人）就是惠山人风格，俺里（指外地人来惠山落户从事做泥人的）上海、天津派做的末事（泥人）勿是惠山风格，因为腔调不一样格。"我从这三言两语中逐渐地理解了他们所说的道理。陈师傅所说的"三笃板"是指用最简便的方法塑造最简朴、最生动的形象；"闹猛"道出了惠山民间彩塑与其他地区民间彩塑的不同点；"有看头"说明惠山泥人耐看。

《团阿福》之一

“惠山人做的泥人，就是惠山风格”，说出了一个基本道理：生长在惠山本土的人，审美趣味都与这里人民群众的生活习俗紧密相连。这就是惠山泥人江南水乡风格的由来。我师傅常说：“俺伲（我们）做烂泥嬷嬷（泥人），都是意思意思格，要真的活脱活样（完全相同）就勿来事（不行）……”这句话概括了惠山民间艺人追求意象造型的特点。在惠山传统的粗泥货和细泥货中找不到一件完全写实的泥人。艺人根据自己的意愿、审美、爱好塑造自己喜爱的形象。“意思意思”的含义是意象造型，不是写实造型。比如

《团阿福》之二

泥猫，与现实生活中的猫相比，它更可爱、更淘气、更机智、更有生气，是经过艺术升华的猫。正因为这样，人们见到这只泥猫，就更加喜欢它。又如泥细货的手捏戏文，一看就晓得这是什么内容的戏文，还能引起观赏者一连串的联想。泥人戏文与舞台戏文差别很大，在制作生产中受到工艺流程的制约，必须减掉一部分内容，艺人们用艺术手法处理掉一些细节。有的根据自己理解再加点什么，充实一下。例如，舞台上的水、云是虚拟的，而泥人能表达真的云和真的水，这就是来自于舞台又不同于舞台。正如蒋金奎老艺人说过的那样：“俺伲（我们）做烂泥模模（泥人）是依心曲自来唱……”

风格问题是惠山泥人的老问题，经常有人提出这个问题，主要是一些行家们提得多。我对这个问题的认识以前一直是模糊的，概念不清，没有明确的看法，脑子里是一张白纸，其实这是最可怕。

我开始理解惠山泥人传统风格是在1981年。那一次我随江苏省工艺美术展销团赴日本献艺。后来随着时间的推移，年龄的增长，视野的扩大，民间艺术交流的增多，我对惠山泥人的问题逐步清晰起来了。

北京的一些专家对惠山泥人批评得比较多，也比较尖锐，他们主要的意见是：惠山泥人死掉了，惠山泥人风格没有了，现在惠山泥人与天津的“泥人张”相似了，面目全非，没有自己的特色了。而无锡方面有关领导和专家不服气，我们这些做泥人的人也糊里糊涂，跟着领导指挥棒转，其实谁也没有心平气和地坐下来考虑，没有认真深入地研究问题。往往是说在嘴上，写在纸上，蜻蜓点水式的一掠而过。

不管怎样，任何地区的艺术风格与时代的命脉都分不开，风格也不是一时形成的，而有一个漫长的时间过程，在历史的发展中风格也是在渐渐转变的，并打上时代的烙印。我们的中国工艺美术史也好，中国雕塑史也好，足以说明这一点。惠山泥人传统风格的继承和发展也随着时代的变化在渐变，变得如何？让历史来回答吧。

《如意》（喻湘涟、王南仙）

王南仙：我理解的惠山泥人风格，主要是在和其他地区泥人的比较中体现的。例如，天津泥人和惠山泥人就有很明显的差异，我作了一下比较，结果是这样：

《蚕猫》

（1）土质比较：

天津泥人土质色黄，黏性要比南方的差。

惠山泥人土质色黑，黏性强，不开裂。

（2）塑造方法比较：

天津泥人风格是彩塑，以塑为主，注重写实传神，面部轮廓起伏写实，身段姿态稳健大方。衣纹深刻，线条明朗，有绸缎感，着色古朴。

惠山泥人以捏为主，造型丰满，重概括、夸张。注重图案装饰，色彩对比鲜明，捏彩相比，以彩为重。惠山老艺人常说：三分坯子七分彩，低坯高画，重前不重后，既强调传神又强调装饰。

（3）彩绘方法比较：

天津泥人色彩用黑的要多一些。

惠山泥人用群青的要多一些。

（4）总体风格比较：

天津泥人具有城镇市井气息，写实性强。

惠山泥人具有江南乡土气息，装饰性强。

喻湘涟：泥人多是做礼品的，所以必须要有装饰味，不然它没有看头。就是老师傅讲的，要“闹猛”，要好看，由于这么两个原因，就促成它的装饰味。还有人说它有江南水乡的地方风味，因为无锡泥人是南方的泥人，所以惠山泥人就具有南方的审美风格特征，以青、绿为主调。青的大阿福，青狮，青的衣服，身上青绿相结合，红颜色陪衬，这是对比的方法。不像北方用大色的以土红色、赭石色、黄色为主调。两个地区泥人的对比结果是，惠山泥人具有江南风味。不管粗货、细货都有江南风味。

手捏泥人有手捏的味道，不是雕塑的味道。我专门研究了这一点，捏泥人和塑泥人到底有什么区别？一般的泥塑是先塑造一个粗略的体形，再用加减法从粗到细逐步调整，或者是加一些泥上去，或者是挖一些泥下来，逐步把形象塑出来。手捏戏文不是这样，主要靠的是手指工夫，用“十八法”逐步捏出泥人的各个部件，再组合在一起，镶接在一起，最后靠“扳”定型。手法不一样，风格当然也不一样。

《泥公鸡》（王南仙）

手捏戏文还有一种带三角撑的，我个人认为是一个败笔。也有人提问：为什么泥人的屁股上有块泥巴？不合理。我就把它去掉了，把人物的大袍底线往下沉，触到底，取消了三角撑。大家都认为改掉这个缺点好看。我记得王朝闻先生说过，民间美术的进步很缓慢，不是大步大步跨的，就是半步也很吃力。

最最头疼的是，这么多年搞不清楚无锡的手捏泥人的艺术特点，这个是最大的问题。这几年搞下来，逐步搞清楚了。无锡泥人的专家，也有自己的看法，他们认为无锡泥人有一种自然美。我觉得我们应该保持住自然美，我现在搞明白了，你要拿这个地区的泥人到外地去的话，无论如何要强调我们无锡的特点。我们惠山做的泥人跟全国各地的泥人都不一样。

更生：柳家奎老师退休之前给你布置了任务，后来你对惠山泥人是不是有了更深的认识?

喻湘涟：对的，柳家奎老师让我进一步搞清楚惠山泥人的特点。我觉得还是要多跟老师接触才容易提高。民间艺人最大的问题就是自己讲不清楚道理，自己的作品好在哪里，不知道。和全国的专家接触以后，可以看清楚自己的面貌，到底好在哪里，不好在哪里。继承传统不要把好的丢掉，不要把不是你的东西拿进来。我们现在无锡就是犯了这个毛病。很多东西都是我们无锡惠山的，被人家学去了，比如粗货这一套，什么开相啊、做脸蛋啊都被学去了。

王连海：你指的是不是郑于鹤先生？

喻湘涟：对的，是他，他在这里呆过几年。他是理解了惠山泥人以后才做的，所以他做的东西特别的深，我们不理解么，就盲目地丢掉了。他的泥人的风格就是我们无锡的，这个脸的造型也是我们无锡的，我们的精华他都吸收了。后来我就有意无意地把我们无锡的装光艺术加强，因为全国各地的粗货都没有装光，我们无锡话叫“装光”。这个字查了，张道一老师也是这么写的，刘道广老师不是这么写的，他们两个人写的字也不一样，你们要看看，到底怎么写，无锡发音发“装銮”。

你看，粗货小花囡头上有四朵花，一般人不知道是什么东西，这是茉莉花，是含苞待放的茉莉花。还有什么枪啊、刀啊、手帕啊、马鞭啊、盔啊、壶啊，这些东西都是装上去的，别的地方就没有这些东西了。粗货里面，如果把这个装光艺术丢掉，就不像无锡的泥人了。

更生：这么说泥人手里拿的东西都是另外装上去的了。

喻湘涟：粗货艺术各地都有，山东、陕西的泥玩具都是讲究夸张变形，是憨厚、质朴的风格。我们无锡的，我强调的是粗中有细。它是装饰性的，是从绘画里面吸收的装饰味道。粗货的用笔很重要，凡是民间工艺都是写意的画法。但是就算是写意的画法，它的形也要体现出来。张昌（“泥人张”第四代传人）老师变形夸张的泥人是靠线勾出来的，不是画出来的。

王连海：我明白您这意思。例如一条龙，鳞片都画上了，非常细，可是特别匠气。如果是高手，他轻轻那么一抹，就是一条龙。

喻湘涟：我们无锡的那个粗货，里面的含量不得了的。我今后还要专门研究呢。我现在要做的事情太多了，暂时做不过来。

王连海：郑于鹤就是理解了这个，他画那个娃娃的花，粗粗的几笔就画得特别好。

喻湘涟：他是通过画把坯子里没有的体现出来了。不是为画而画，是为塑而画。他是理解以后才这么画的，不是依葫芦画瓢。

王连海：那个花，远看是立体的花，色彩层次很丰富。近看却是一团糟，就好像是乱画上去的。

喻湘涟：那倒不是的。郑于鹤那个用笔是我们传统的用笔，现在传统的用笔都被丢掉了。我知道我妈

《门神》（喻湘涟、王南仙）

是怎么画的。比如那个笔画白颜色，但是它里面需要红颜色，就先蘸了白颜色，再蘸一点红颜色，把它倒过来，含在里面画再下去的。

王连海：这个是退晕的效果。

更生：传统艺人，就是用的民间那种画法。

喻湘涟：无论哪里，只要离开这一点，就不是民间艺术的画法。据我的理解，这里面有个意会的问题。是不是这个意思啊？我没办法说清楚。

《神荼郁垒》（喻湘涟、王南仙）

王连海：您说得很清楚了。画熟了以后，就形成特别潇洒的一种风格。

喻湘涟：我外婆画那个麻雀，底色上面有羽毛，她就踏踏踏地画下去，很快。但是她下笔的时候很准，形也准，笔的颜色含量也准。她手拿两支笔画，但是这些技术在惠山搞泥人创作的人都没有理解，没有体会到它妙在什么地方。我们以前画绿色，就是把蓝色和黄色相互搭一搭，就成了，这叫“两笔画三色”，都是有窍门的。我以前在响水工作，那里对工人有一个要求，就是笔画不能多。师傅说：“你不要画那么多，三笔五笔就够了，要不然我们产量提不高。”就是这三笔五笔也要体现惠山的特点。

惠山泥人粗货确实有它的特点。我曾写过一篇文章，叫《无锡惠山传统泥人的造型特色——扁与圆》，在一次年会上发表的。无锡泥人的粗货，有一个最根本的东西大家没有注意到。因为它是模子印的，形状是扁扁的，但是又圆圆的，它这个圆不是地球的圆，它这个扁不是真正的扁，它是扁中求圆，圆中求扁。

《和合二仙》（喻湘涟、王南仙）

你看，我们的大阿福都是扁的，但不是平的，有立体感。无锡泥人的这个特点，其他地区没有。

三、惠山泥人的流派问题

喻湘涟：接下来谈一谈我对惠山泥人行业中外来艺人的看法。这些外来户实质上是上海帮中天津派的老艺人。他们来自上海，作品风格类似于天津“泥人张”，因此被称为上海帮天津派。这批艺人，他们能在惠山站住脚，是有主客和客观因素的。

他们对惠山人做的泥人有看法，认为惠山人不来事（不行），不会做泥人，不懂解剖、骨骼、比例，泥人做得不像，头大身体小，大头大脑扁塌塌（适应两片模生产的造型），没有立体感，又笨又土。惠山本地的老艺人也认为自己不来事（没有本领），无意识地把可贵的纯真的思维方法以及扎实的造型本领丢掉了，真遗憾！因为这种写实派容易被人们接受。在这个行业的领导人中，不管是行政领导还是艺术领导，审美观紧跟时代在变(或者说在更新)，传统审美观念逐渐变化，原本从事写实创作的艺人中，追求神似风格的人越来越多，发展到今天，这批人的数量占了相当大的比例。写实风格的作品有它的市场，有它明显的经济效益，但并非是生活的艺术升华。

在20世纪50年代之后，惠山泥人行业中又派生了一个支派，用惠山人的话来说，叫学院派。这些设计者，都具有一定的文化修养，有大学生、留学生，还包括一些有文化的创作设计院的学员，他们在惠山地区从事了40多年的彩塑研究工作。他们懂美学、解剖学、透视学、构图学、色彩学，更懂得变形、变色等一整套的艺术处理手法。他们吸收

《和合》（喻湘涟、王南仙）

了民间艺人的创作方法，塑造了一批有分量的艺术个性强的好作品，并得到了社会各界人士的好评。最大的遗憾是这些作品没有浓郁的乡土味，地区性不明显，也有人称他们的作品是文人艺术，书卷气息浓厚。

他们对惠山传统泥人的风格特点，通常是这样理解的：造型简洁，色彩明快，构图丰满，用这12个字来概括了惠山泥人的艺术特色。确实如此，但我觉得并非完全如此。因为这种提法是民间艺术共性所在，它生长在民间，就离不开民间彩塑的共有的特性，但惠山泥人更有它自身的个性特色。

也有行家批评惠山泥人"甜了"，总觉得惠山泥人比其他地区的民间彩塑矮半截，因为没有那种古拙、豪放、粗糙、强烈、凝重等艺术效果，然而我觉得惠山泥人的"甜"却是自身的一大特点。正因为无锡人喜欢吃甜食，人也长得俊秀，泥人自然甜美，不可能像北方人那么憨厚，又高又大。正因如此才能与天津彩塑、山东泥人、河南淮阳泥人、陕西凤翔泥人有所区别。无锡泥人只要不"甜"过头，"甜"而不俗，"甜"中有土味，甜而不轻浮，又有什么不好呢？无锡泥人是简朴中有俊美，河南淮阳泥人是拙朴中求粗犷，陕西凤翔泥人于质朴中求深厚，山东潍坊泥人是在纯朴中求豪放。各地都有各自鲜明的地方特色，如果把这些泥人集中起来，开一个专业性博览会，肯定是一个争艳斗彩的局面，谁也替代不了谁。

从客观上看，当今的惠山泥人存在着三大流派，占优势的是写实派和学院派，惠山民间派处于劣势。从地区性、民族性的角度来审视惠山传统泥人，民间派有顽强的艺术生命力。这一点从全国性展览会和国际展览对惠山传统泥人的高度评价中可以看出来，民间派经常得到公众的好评，专家的赞誉。但它的势力很小，并受到新文化、新思潮以及市场经济的冲击，面临着一场严峻的考验。当今研究它的风格特色有特殊意义，在目前，只要多几位脚踏实地、有奉献精神的热心人，从提高构思水平着手，发挥传统技艺优势，我相信惠山泥人有它的新天地。

无锡泥人的风格在20世纪30年代曾经受到一次重大的冲击。那时，上海习艺所的艺人到无锡谋生，把他们具象作品带来了。这些作品讲究比例，讲究结构，我们无锡的一些民间艺人就不讲究这些。他们就说我的外公"土得不得了"，不懂解剖、不懂比例。于是，我们的传统观念逐步淡化，向外来民间艺术靠拢，就在那时候提出来的"学天津"、"赶天津"、"超天津"，我也卷进去了，雕塑的一套就是那个时候学到的。

王连海：他们有艺术成就，也很有价值。但是，这种雕塑家在全国各大美院都可以产生，这些作品有时代特色，但是没有地域特色。您说他是无锡泥人，就根本不靠谱了。

更生：不是说无锡泥人就不要变，像您的东西，原来是从昆曲里来的，但是现在可以借鉴京剧，也在变，但是您的根子还是无锡泥人。

喻湘涟：现在我说，本土的民间艺术是个关键问题。要搞清楚这个问题有一个很艰难的过程。原来我说不清楚，模糊得很，到后来一点点慢慢领悟专家的话，才明白起来。

王连海：大家来到无锡看不到无锡泥人了，只看到一些雕塑。不了解惠山泥人的年轻人以为这就是无锡泥人，那不就坏了。无锡泥人真就要失传了。

四、惠山泥人与戏剧

王连海：您喜欢看戏吧？

喻湘涟：不要说看戏，连演员的笔记本、手记我都看。

更生：她跟钮骠关系特别好，钮骠是名角。

喻湘涟：我们送给钮骠几套戏文，他高兴得不得了。

王连海：哦，你跟钮骠是好朋友。

喻湘涟：还跟演《霸王别姬》的那个虞姬演员也是好朋友，他写文章写得好。

《霸王别姬》（喻湘涟、王南仙）

王连海：手捏泥人的原始题材是锡剧，还是昆曲？

喻湘涟：是昆曲。

王连海：您年轻的时候也看戏吗？

喻湘涟：年轻的时候老师带我们看戏。我们在训练班的时候，文化局要彩排啦，大家排着队去看，演员还没登场呢，我们就到后面去看他们化装。做手捏戏文必须得懂戏，必须要懂它的规律，懂规律后，再捏就不怕了。每一个行当有每一个行当表演的特点。演小丑的颈部、肩部、胳膊、腿部、臀部、胯部都得会动，都得跟人家不一样。青衣是很稳重的，花旦就灵巧些，每一个行当有每一个行当的特点。你抓住特点就表现得好，人物从舞台上搬到你手上要有一个过程，我也不主张太像，也不可能太像。

现在很多艺人不看戏，从书本上照搬下来。剧情是什么，台词是什么他都不清楚，让他捏，他肯定捏不好，脸的部位都没看准嘛。地方戏与京剧是不同的，台湾《汉声》的黄永松让我捏同一出戏，京剧怎么演的，昆曲怎么演的，要把不同戏种的特点都反映出来。我怔住了。我想不对啊，来自舞台不同于舞台，我是搞戏曲泥人，我不能照搬舞台，如果照抄舞台我的作品就变成模型了。后来我就跟他们说：可以捏，但这不是我追求的目标。

《贵妃醉酒》之一（喻湘涟、王南仙）

王连海：手捏戏文不是舞台模型，这话对。

喻湘涟：京剧的特点和昆曲不一样，除了唱腔不一样之外，服装上也有些不同。京剧华丽，昆曲典雅。昆曲的舞蹈表演比较多，载歌载舞地唱，但是京剧没有这个。京剧是一个台词一个台词地演，亮相动作的，根本区别还是有的。手捏戏文只要告诉你这是哪一出戏，体现什么内容就够了。我不要体现它是什么剧种，这个不是我的任务。如果去表现哪个是京剧哪个是昆曲，我就死掉了。有一出戏——《梁山伯与祝英台》，京剧也有，昆曲也有。后来我对比研究，发现两者服装有点区别。昆曲的服装淡，粉气比较重。京剧服装的花纹爆得很，那个粉绿跟深蓝，画在一起很俏。

我那两个师傅都会说戏，都会唱，会拉二胡。蒋子贤会说戏，章根宝会拉两句。说戏就是说故事，这出戏怎么怎么样，某某演员表演得好，某某演员不行，他会评论人家。我们还有几位老师会拉二胡，拉得很好，柳家奎也会拉。我们训练班里的人，要开文艺联欢晚会他们都上去。李仁荣拉二胡也拉得很好，还会吹笛子。我们都会表演。要搞个联欢晚会不成问题，很活跃。王南仙会跳舞，她身材很苗条，是个美女。

园林局有个人，他的爸爸是写剧本的，他拿了一本书找柳家奎老师，挑了12套戏出要捏成泥人。柳老师接下来了，他交给一个大学生去做，结果做了一年没有做出来。后来柳家奎把这个任务布置给我。他说，小喻啊，你把这个12套戏做出来。我说，只有剧本没有照片怎么做呢？如果不答应老师，不完成任务很不好。我就说试试吧，捏不好您不能怪我。他说试试去，我答应你。没有照片只有文字，我就老老实实地看剧本，这个人物是什么样子，他（她）有什么台词，我就琢磨，根据这些台词想象会出现什么场面，我就

《贵妃醉酒》之二（喻湘涟、王南仙）

捏了，很吃力。最终这12套戏文总算给做出来了，王南仙画出来以后，碰巧买到了一套资料，和资料一对比，都一样，那个“醉骂”也对，那个财神爷也对，12套都对准了，一模一样。我就高兴了。后来那个老先生说，哎，不容易，只有文字给她，她也捏得出来。我说，“生旦净末丑”五个行当都有规律啊，有程式表演的方法啊，我知道这些规律。

《痴梦》（喻湘涟、王南仙）

《豆汁记》（喻湘涟、王南仙）

《珍珠塔》（喻湘涟、王南仙）

《定军山》（喻湘涟、张小权）

《访普》（喻湘涟、龚琪）

《断桥》（喻湘涟、王南仙）

《凤仪亭》（喻湘涟、张小权）

《跪门》（喻湘涟、王南仙）

《汲长孺矫诏发仓》（喻湘涟、王南仙）

《美猴王》（喻湘涟、王南仙）

《磨房产子》（喻湘涟、李凤鸣）

《牛皋打金兀术》（喻湘涟、张小权）

《三岔口》（喻湘涟、王南仙）

《狮吼记》（喻湘涟、王南仙）

五、惠山泥人现在面临的传承问题

王连海：我昨天去街上看，泥人店都在卖紫砂，只有一半是泥人。

喻湘涟：紫砂容易赚钱，容易唬人。泥人本身价钱低，也没有人来宣传，就赚得少。现在惠山泥人传统作品画的人少了。没有人理解传统泥人的彩绘是什么。画粗活难在你要理解以后才能画它，这个理解是从内心里真正理解，那样画出来才好，柳家奎老师曾说过，现在没有一个人能画粗活。我就想为什么没有人能画，为什么搞不起来，其中有个原因，就是画粗活的人没有对过去那种生活的体验，粗活属于原生态的东西，要从心里理解生活，才能画好粗活。你说对吧？

王连海：还有没有振兴的可能？

喻湘涟：情况比较复杂，有客观上的原因，也有主观上的原因。需要政府机构的重视，才能调动起来。主观原因要求艺人本身对惠山泥人这样的本土艺术形象要有一个完整认识，并追求它艺术原有的风貌，两者高度结合，才能解决根本问题。关键是认识问题，知道它的文化内涵才搞得起来。客观原因，跟经济有关系。新中国成立初期，为什么泥人那么兴旺，因为无锡市的领导是无锡人，他是有名的无锡人。当时由于经济形势好，泥人外贸出口，泥土换黄金，那个好啊！一个车皮一个车皮地往外运，全是泥人，出口公司提供销路。当时就是计划经济，外贸给你销路，是有组织安排才兴旺起来的，很厉害。做泥人的有800个人，那个时候泥人艺术最兴旺。我们设计组的人，每年的产品都要更新换代，要试销对路，要便宜，又要好看。后来经济上去了，但艺术上的问题却被忽略了。

《水斗》（喻湘涟、王南仙）

20世纪50年代中期至“文革”前，南北彩塑艺术进行交流，应该说是件好事，双方都应扬长避短，充分发挥自己优势，强化自己的特色，拉大距离，这才是成功的交流。由于对自身艺术特色认识模糊，就产生了丢掉自己的根本去学人家皮毛的现象，这对从事惠山传统泥人的从艺者来说，是可悲的！现在回忆一下教训是有益的。

《搜山打车》（喻湘涟、朱惠芬）

1956年4月，天津“泥人张”张景祐先生与他的高徒郑于鹤老师来无锡作为期一个月的艺术交流。惠山师傅们大开了眼界，对他们的表演技艺和作品既佩服又赞赏，尤其对惠山泥人行业中从事泥塑创作设计的师傅来说，更是受益匪浅。1965年无锡又组织了创作设计人员赴天津，学习泥人张彩塑艺术。“泥人张”作品讲究构图，着重人物表情刻画，在形似中求效果。学员们学习到他们写实的手法，并自觉仿效。在这时并没有任何人提出异议，导致了惠山泥人与天津泥人相似、接近的后果，地方特色淡化的主要原因也正在于此。

张景祐的高徒郑于鹤来无锡考察之后，由于他思路敏捷，悟性好，善于学习别人的长处，将无锡惠山传统中的精华学到手，这一点他是高明的。他学去了两点：第一，惠山传统泥人的造型方法采用的是高浮雕手法，他把这种手法运用到他的泥塑造型中去。天津彩塑原来是不用这种手法的。第二，彩绘部分将惠山传统泥人中最大的特色——装銮艺术抓到手。装銮艺术是惠山传统泥人中特有的艺术形式，更是区别于其他地区泥塑的一个特征，也被他融会贯通到自己的作品中，形成了他的个人风格。郑于鹤的小泥人实质上是南北彩塑结合的产物，也可以说是混血儿。从他出版的两本《郑于鹤彩塑》中，我能发觉这一点。他将无锡大阿福造型充入新内容，给人们一种强烈的新鲜感，社会反应强烈，在国内外影响很大，可以称得上创新楷模。我也能从他的作品中得到启发，不断思考怎样学习，如何继承传统和发扬传统。这些情况应该引起无锡专家、领导的反思呀！

《唐成》（喻湘涟、王南仙）

“文革”期间无锡惠山传统泥人被否定，艺人们被打倒的打倒，下放的下放，调离的调离，当时惠山传统泥人大伤元气，只剩下了样板戏和主席像，历史珍品也损失不少，至今只存下了400多件。

1977年泥人行业又开始进行整顿恢复，艺人再次归队，才将惠山传统泥人保留下来。而今那些50年代的泥塑艺人从事旧业的已经所剩无几，惠山泥人在当前新的经济形势和外来文化的冲击下，面临着更加严峻的考验。惠山泥人面临的现状是：泥人研究所实验工厂在为日本加工日本人形。搞创作设计的泥塑师傅向三个方面发展：一是为全国各地游乐园塑造大型的各个时代历史人物、神仙塑像（都是穿真的衣服）；二是为全国各大庙宇塑佛像；三是为游客塑头像。这三方面的经济效益大，很多人蜂拥而上。可怜的是，那些重视传统工艺的人是两袖清风，勉强度日。传统工艺保护条例不能光停留在文字上或嘴上，而要放在得力措施上，艺人得勿到实惠，被迫转向，现已面临着人在艺亡的危险。

关于今后惠山传统泥人继承发展问题，我想，只要得到真正重视，措施得力，余存的有志者还能发挥作用。只要将惠山传统民间艺人形象思维方法贯穿到现代审美意识中去，就能出现江南水乡韵味的乡土彩

《挑帘裁衣》（喻湘涟、王南仙）

塑艺术。

我曾经带过几个徒弟，改行的改行，退休的退休。从事泥人艺术的有三四个，现在基本上都不做了。我说的是惠山泥人中传统手捏戏文及传统泥粗货，做的人不多了。

《王母》
（喻湘涟、王南仙）

更生：您还是在那些愿意学做泥人的年轻人里面找一个徒弟吧。

喻湘涟：都不愿意做，他们看不起！真的。

更生：您是国际有名的大师了，还看不起您？

喻湘涟：没用。你不相信，我从来不说假话。

更生：您的艺术得后继有人，这太重要了。

喻湘涟：一般人认为，在惠山做的泥人，就是惠山泥人。今后带的徒弟就要坯和彩连在一起学，彩和捏都由一个人来完成。我就不赞成上彩和捏塑的分开来。

往后怎么办啊？我觉得编制、体制的问题要解决。带出徒弟才能接上班啊！我是在建国后由党和国家培养的，到现在，转眼50多年过去了，可是我目前没有接班人，惠山泥人的后继问题要解决掉才行。我们现在的政策是不养人的，要自己养自己。政府不给予实质性的解决，这个传承的矛盾还在，我忧心忡忡。

王连海：确实还有个市场问题。要是把徒弟带会了，他也把这个手艺学到了，可能也要面临您这样的尴尬了，他的东西可能也没人要了，也没有人想做他的徒弟了，这就麻烦了。

喻湘涟：那还不如到我这里就停掉，省得麻烦。张道一老师说过，对于中国的民族文化，要解决根本上的问题。只是做表面文章，嘴上谈谈，纸上写写，没用的，还是要滑下去的。

王连海：我觉得有些东西就传不下去，社会变了，正如她的徒弟，手艺是学过来了，但他还要适应新的民俗，这是很难的。

喻湘涟：我这个手捏戏文，不是非要去捏老的东西，可以让徒弟捏自己想要的东西，就是把方法教给他，可能他做出来的东西比我们还好啊。我的意思是让他掌握技巧，不是让他跟着我的思路走。当时我还在研究所的时候，吕品田的弟弟吕品昌（中央美院雕塑系教授），每天来一趟，转了两个礼拜，回去后，一年不到就创作出一批东西，相当好。他是在理解民间美术的基础上，把我手捏的一套特点融合进去，再把宜兴的当地技艺也融合进去，变成他自己的东西了。很明显，搓泥条的方法，一看就是我们这里的。我的意思是，不能单搞手捏泥人。手捏的技法有他的广泛性，应用性很大。做点心的师傅也可以学；小学里也可以开这个课，培养学生的智力、动手能力、记忆能力；老年大学也可以开这个课，健身的，十指连心嘛，每个人都可以通过玩泥巴得到锻炼。手捏戏文这些技巧，其实是很灵活的东西。我觉得对手捏泥人的看法要重新认识。

六、对非物质文化遗产的认知

王连海：说到非物质文化遗产，我看您的手捏技艺就非常典型。

喻湘涟：我的悟性很差哦！这种思想要是提前20年，那不得了了。我可以把师傅们的话都记下来，外祖父和我妈平时谈的话很有意思，我后来领悟到，可能那些就是现在所指的非物质文化遗产吧。

“依据自己心里的曲子来唱自己的歌。”无锡土话，叫做“自来唱”，这是原生态的，对吧？还有我们的师傅，他们说的是真话，说我们无锡惠山泥人是“意思意思”的。这些话我都写在本子上的，意象，不是具象。

《游殿》（喻湘涟、龚琪）

有一次开会，有人提出来，非物质遗产要产业化，要走市场。能走市场吗？能产业化吗？我的手捏戏文中的“手捏十八法”能产业化吗？能市场化吗？简直是笑话。有了非物质文化遗产才会有物质文化，物质文化是非物质文化的结果，两者是一个因果关系。现在提出抢救、保护非物质文化是战略问题，非遗保护、抢救政策让祖国许许多多优秀民族文化遗产得到真正保护、抢救。讲到底，对这些有绝技的人，要经济上给予支持，机制上给予保障，政策要优惠，要解决实实在在的现实问题，措施要得力才行。

王连海：目前情况如何？

喻湘涟：目前情况可以说让我们看到了希望。非物质文化遗产保护抢救工作，去年在面上做了大量工作，呼吁宣传、报上登、电台播，写资料、拍录像、开会调查、登记、造册、建档，忙得不亦乐乎。今年进入实质性一步，非物质文化遗产传承问题落实了。有中央高度重视，专家们关注，省文化厅直拨经费，转到我们无锡市民间艺术博物馆大师工作室，由市文化局出面招生，市民博大师工作室拿方案，我和王南仙参与。现在“惠山泥人传统技艺培训班”办起来了，正式开课授教，师傅热心指教，学生虚心学习，情绪饱满，学习进度顺利，一切正常进行。

据说市里在经费上还要增加拨款，文化局直接管辖，相信今后会完善惠山传统技艺传承事宜，建立起传统泥人研究机构，这样才能使惠山传统泥人代代相传，薪火不灭，发扬光大。

本章小结

通过与两位大师的讨论，可以了解她们对惠山泥人艺术由浅入深、从感性到理性的认识过程。本章所涉及的理论问题，并没有完全得到彻底的解决。例如，如何改变惠山泥人所面临的窘迫现状、如何振兴惠山泥人、如何评判现存惠山泥人的流派、惠山泥人在非物质文化遗产中的地位等等，都是界内讨论的热点。截至目前，尚未得出统一的结论或明确的解答。

两位大师所表述的理论思想，反映了作为惠山泥人创作者对艺术的理解，也反映了作者对惠山泥人的满腔热情。她们从实践的角度对惠山泥人的特色作出了自己的判断，她们对传统风格有明确的认知，因此作出了坚持传统、保护传统、继承传统的选择。

她们的作品证明了她们的选择。

在这里展示的作品，多为继承传统基础上的创作，集中代表着惠山泥人稳定、成熟的艺术风格，与那些明显引进当代雕塑元素、吸收外地彩塑营养而创作的“惠山泥塑”形成了鲜明的反差。相信读者会根据自己的判断，得出合理的结论。

第六章

大家的评说

本章综述

本章辑录了各界人士对喻湘涟、王南仙的评价语录。评论者多为资深美术研究者或专家。这些评论，从一个侧面反映了两位彩塑大师现在所处的社会地位和已经取得的艺术成就。比较集中的评价是：她们的作品最具惠山特色，她们是惠山彩塑传统技艺杰出的传承人。

东南大学教授、博士生导师
张道一

惠山泥人的艺人，现在有名可考者有四五代人。他们传统相承，手艺为继，现代最具代表性的杰出传承人是喻湘涟。

喻湘涟与王南仙拜访张道一先生（左一）

喻湘涟出身于泥人世家，从艺50年之久，直接秉承了前辈名师的艺术真谛。更可贵的是，她对三类泥人的制作都得心应手，而以“手捏戏文”最有特色，成为惠山泥人的一个亮点，1993年被轻工业部授予“中国工艺美术大师”称号。

中国的民间泥塑是民间传统文化的一部分，作为非物质文化遗产的杰出传承人，在惠山泥人方面喻湘涟是无人匹敌的。论技艺水平、论作品成就、论传统知识以及职业道德和人品都堪称优秀。在我国当代的民间艺术中，这样的人才是可贵的，也是不多见的。

2005年10月9日

中央美术学院教授、博士生导师
钱绍武

喻湘涟是无锡惠山泥人的杰出代表。她传承有序、艺出名门，又积累了50余年的艺术实践经验，技艺已入炉火纯青的境界。她熟悉无锡的民风习俗，因此举手投足、一招一式都渗透着浓郁的乡土气息，而且她本身经历过巨大的社会变革，又生活于社会下层，所以她对世态人心了解很深。她的作品所表现的思想感情都刻画入微、生动传神。喻湘涟心地善良，更多地看到人们的美好善良的一面，她的创作使人们觉得亲切自然，具有极高的艺术价值。我认为她是当之无愧的“无锡泥人”的杰出传承人。

2005年10月15日

中国国家博物馆研究员

郑于鹤

中国惠山泥人中外驰名，已传承400余年。20世纪50年代，技艺高超的蒋子贤大师把自己继承与发展的手捏戏文绝技传授给虚心好学又出身泥人世家的喻湘涟。

至今，喻湘涟从事手捏戏文的探索已50年余，既娴熟地掌握了师傅传给她的手捏戏文技艺，又能不被老程式所束缚，追求着深远的境界。

喻湘涟是继承与发展中国惠山泥人的杰出代表。

2005年10月

中国戏曲学院教授、编审、文化部振兴京剧指导委员会委员

钮骠

无锡泥人研究所的喻湘涟师傅是一位杰出的泥塑工艺大师。她出身泥塑世家，8岁开始习艺，15岁专攻手捏戏文，拜一代宗师蒋子贤为师，成为继蒋子贤之后的第四代传人。后又拜入著名艺人张阿仁、章根宝的门下，师承有自。她曾入泥塑彩绘班学习工艺美术专业知识理论，并到相关的博物馆悉心研习泥人藏品，收获丰盈，技艺不断精进，作品屡屡参展获奖，博得盛赞，影响遍及海内外。

因“手捏戏文”的内容与戏曲密切相连，故作者必须熟知戏曲，深谙其审美特征及其意趣才能打造出形神具妙的作品来。喻湘涟师傅在这方面学养有素，捏出的戏文均能得形传神，栩栩如生，尤其深得戏曲界人士的赞许。她从艺50多年的大量作品都允称精品，她为无锡泥塑艺术的传承、发展作出了不可磨灭的贡献。她是一位才能不凡、技艺精湛、成就丰硕、影响广泛的中国民间文化的杰出传承人。

2005年10月

《汉声》杂志发行人

黄永松

惠山泥人相传起于明代，尤以戏文最具特色，塑彩传神，独步全国，是民族艺术之瑰宝。然而由于老

艺人凋零，以及社会生活形态转变，今日传统戏文之泥人制品早已消失踪影。喻湘涟自幼承袭名家蒋金奎，及长又受教于蒋子贤，50年来制作不懈，精益求精；特别是未盲从商业流行，坚守着传统技艺与形式，因而呈现深厚的民族人文美感。

《汉声》与喻湘涟合作长达10余年，共同归纳并厘定了惠山泥人泥塑18法，即：印、搓、捺、摘、捏、推、拉、扳、剪、包、镶、拍、搭、滚、捋、挑、捻、戳。喻湘涟可谓是目前熟练掌握全部技法的艺师，必须尽快培养中青代优秀有心者，以便传承珍贵之技艺。

2005年9月

东南大学教授、博士生导师
张道一

2005年10月，我曾为无锡惠山泥人的工艺美术大师喻湘涟写过一份推荐书，称赞她是惠山传统手捏戏文的佼佼者，为现代最具代表性的非物质文化的传承人。现在，增补一位与喻湘涟长期合作的彩绘大师王南仙，一并推荐。

我国的传统泥塑一直是着彩的，故也称彩塑。在手工艺领域，装銮彩绘自成一行，除涂色勾绘外，还利用各种材料作为附饰，极尽艺术之巧。王南仙和喻湘涟同是在惠山土生土长，同时学艺；一人捏塑，一人彩绘，红花绿叶，相得益彰，合作达40年之久。王南仙在装銮彩绘方面，不仅掌握了一整套传统手法，并且吸收工笔画的特长，又运用各种装饰塑造了不同类型的泥塑人物造型，取得了很高的艺术成就，在1996年被轻工业部授予"中国工艺美术大师"称号。为此，特推荐她为我国非物质文化遗产的杰出传承人。

2006年5月25日

清华大学美术学院教授
张錩

王南仙成长于惠山泥彩塑创作的世家，从小受到家庭彩塑艺术的影响，并以泥彩塑为生，是彩塑第四代传人。20世纪50年代，她进入"江苏省泥塑彩绘训练班"学习，并师从惠山泥彩塑著名手捏戏文艺人蒋子贤的搭档陈毓秀，继承并发扬其传统彩绘技法，负责手捏戏文的彩绘设计，成为中国工艺美术大师。

王南仙多年来与喻湘涟大师合作，一位负责泥塑造型，一位负责完成彩绘，二位共融互补，塑绘和谐统一，创作完成了众多有影响的戏文彩塑作品，分别展览于海内外的艺术大展。

她们的手捏戏文作品整体造型生动，色彩清新明快，纹饰明晰率真，极具装饰之美，深受社会好评，作品多为艺术博物馆及收藏家收藏，同时还出版了《手捏传统捏彩技法》、《惠山泥人》等专业著作。

总之，王南仙与喻湘涟二位多年来辛勤耕耘于惠山泥彩塑艺术之中，对惠山手捏戏文的继承、创新与弘扬作出了极大的贡献，并以其艺术实践的优秀成果享誉于海内外，王南仙、喻湘涟都具备杰出传承人资质。

……

王南仙作为惠山手捏戏文彩塑的第四代传人，她不仅辛勤、执著地坚持着惠山这一独具艺术特色的手捏戏文彩塑的艺术创作，还在其艺术实践中不断地对惠山泥彩塑艺术进行探索与研究，形成极具个性的艺术风格。另外，她还在自我艺术实践的同时，培养着新一代惠山泥彩塑的后继者。无疑，这必将对惠山泥彩塑艺术的继承与发展起到积极与深远的作用。

2006年5月29日

中国美术馆研究员
李寸松

王南仙同志生长于无锡惠山泥人一条街上的泥人世家。她的父母、外公、外婆、舅舅、姨母……都是制作泥人的能手，至今已是第四代。她自幼爱泥人，玩泥人。1956年考入“江苏省泥塑彩绘训练班”，3年毕业后，从名师陈毓秀深造，得陈的真传。至今从艺已有半个世纪。王的手艺精湛，炉火纯青，完美地继承并提高了无锡泥塑彩绘艺术“新、清、齐、爆”的精髓。

无锡泥人制作，传统习惯是塑、彩分工。数十年来，她与另一位大师喻湘涟合作，喻塑王彩真是珠联璧合，相得益彰，精品迭出。我认为，王南仙同志是一位无锡泥人彩绘艺术的优秀传承人。

2006年5月8日

1986年，李寸松先生拜访喻湘涟、王南仙

《汉声》杂志发行人
黄永松

《汉声》与王南仙合作同喻湘涟一样，长达10余年，并共同归纳、厘定了惠山泥人彩绘7法，即拓、涂、勾、点、掸、晕、刷。王南仙可谓是目前熟练全部技法的艺师，并在陈毓秀明快的基础上发展了秀丽的风格，凸显惠山泥人“新、清、齐、爆”的彩绘特点，当务之急是传承她的珍贵之技艺。

2005年5月

喻湘涟的舅舅，退休干部蒋傑

王连海：舅舅，您的外甥女成了大师了，名气很大，在全国乃至世界都有名了。您怎么看这个外甥女？

蒋傑：大师么，这是大家看得起她呀！现在被大家捧起来，又大师呀，什么呀，很多名堂。以前泥人行业不被重视的，只要有饭吃就行。现在这种情况已经成历史了。她小时候跟我父亲学，吃过很多苦，后来跟蒋子贤学。小时候我们也做泥人的，连书包都没有，一块布一夹就是书包，上学了。回来把书包一丢，就干活去。以前蛮穷的，我父亲讲，做泥人好也好不了，死也死不了，被称为泥叫花子。一年主要靠春季，春季以后要种地，上山养蚕，生活是蛮苦的。

王连海：您看喻湘涟做的泥人怎么样？

蒋傑：我懂一点，她学得好，做泥人的角度全部吃得准，一个人头是多高、身段是多长，全部都对的，整个面部都做得准。她吃得苦，记得牢，几十年当中，吃了不少苦。硬工夫呀，拿出来就是像样的。你考不倒她。她说也会说，做也会做。

2006年7月25日

2006年，喻湘涟的舅舅蒋傑接受本书编者采访

本章小结

本章辑录了专家学者对两位大师的部分评价。这些评价有的来源于采访口述，有的来源于各种活动的档案材料，有的见诸已经发表的文章。这些评价从多种角度勾勒出两位大师不同的侧面，对于读者认识两位艺术家是会有帮助的。

喻湘涟年表

1955年7月，毕业于无锡市第二初级中学。

1955年9月至1959年9月，在江苏省泥塑彩绘训练班学习。

1959年9月至1964年3月，在惠山泥人厂手捏泥人组从事手捏戏文设计、复制工作。

1964年4月至1969年12月，在惠山泥人研究所从事惠山手捏戏文研究工作。

1969年12月至1971年12月，下放苏北响水县劳动，半年临时性赴南京博物院搞革命历史展览。

1971年12月至1979年6月，调入响水县工艺制品厂从事石膏卷笔刀设计工作。

1979年6月至1986年6月，落实艺人政策后归队，回到泥人研究所重操旧业至退休。

1986年7月至1995年2月，调入无锡市泥人博物馆，从事修复历史作品、研究工作至退休。

1993年12月，荣获中国轻工业部颁发的“中国工艺美术大师”称号。

1995年5月，被国际科教委授予“民间艺术家”称号。

1995年7月，被东南大学汉声中国民间艺术研究所特聘为研究员，从事手捏戏文研究创作。

2005年5月，被中国艺术研究院聘为“民间艺术创作研究员”。

2005年12月，被评为研究员和高级工艺美术师。

2006年2月，被台湾南华大学管理学院特聘为客座研究员。

2006年12月，被国家发改委授予第五届“中国工艺美术大师”称号。

王南仙年表

1956年4月至1960年4月，在江苏省泥塑彩绘训练班学习。

1960年4月至1664年12月，在无锡市泥人厂创作设计室从事手捏戏文彩绘工作。

1964年12月至1969年12月，在无锡泥人研究所“陈毓秀工作室”从事传统手捏戏文彩绘研究工作。

1969年12月至1978年12月，在无锡市惠山泥人厂创作室从事彩绘设计工作。

1978年12月至1996年5月，在无锡市泥人研究所彩塑工作室从事彩绘工作。

1986年6月至1995年2月，在无锡市泥人博物馆从事惠山泥人修复工作。

1993年7月，被江苏省工艺美术专业高级职务评审委员会聘为“高级工艺美术师”。

1996年5月，被聘为东南大学汉声民间艺术研究所研究员。

1996年12月，荣获中国轻工业部颁发的“中国工艺美术大师”称号。

2002年2月，被聘为惠山泥人博物馆顾问。

2004年12月，在无锡市民间艺术博物馆“王南仙工作室”从事彩塑创作。

2005年5月，特聘为中国艺术研究院“民间艺术创作研究员”。

2005年11月，被评为研究员和高级工艺美术师。

2006年2月，为台湾南华大学文化事业创业研究中心特聘客座研究员。

2006年6月，特聘为无锡市博物馆特约研究员。

2006年12月，被国家发改委授予第五届“中国工艺美术大师”称号。

后 记

一、何以选定喻湘涟和王南仙为口述人

这本书所以选定喻湘涟和王南仙作为口述人，理由有三：

首先，她们是传统惠山泥人在当今的代表性人物。只有这两人还坚守着传统的阵地，为海内外艺术界所瞩目。惠山地区制作泥人的艺术家还有，但是，自觉坚持传统特色的人却很少。在惠山泥人江河日下的今天，还能见到传统意味浓郁的手捏戏文，实属可贵。

其次，喻湘涟和王南仙的艺术创作已经形成了相对成熟而稳定的风格。在当今，她们的风格最接近传统泥人的样式，审美功能也与传统泥人一脉相承。清末民初，惠山地区流传着“要佛像寻阿生，要戏文找阿金”的谚语，这句话反映了丁阿金与周阿生在惠山泥人历史上的特殊地位。现在，有理由相信，喻湘涟和王南仙在惠山泥人历史上的地位，已经与当年的丁阿金和周阿生相等同，她们是惠山泥人杰出的传承人。

再次，喻王两人掌握着精湛的彩塑技艺。喻湘涟专攻捏坯，王南仙专攻彩绘，二人默契配合，相得益彰。她们从老前辈那里继承下来的技艺已经得到了充分发挥。

出于这些理由，将《手捏戏文》的视点聚焦于喻湘涟和王南仙。

喻湘涟、王南仙在她们的作品前合影

二、喻湘涟与王南仙怎样理解了惠山泥人

即使是大师，对惠山泥人的理解和判断也要经历由浅入深、由感性到理性的认识过程。这个过程既曲折又艰难。喻王二人经历过盲目、彷徨，经历过困惑、迷惘和无数次的反复，惠山泥人的真谛才在她们的心中逐渐明晰，她们的信念才逐渐坚定。

上个世纪50年代，在江苏省泥塑彩塑训练班里，青年时代的大师们，学习过人体解剖，学习过素描，学习过列宾和普列汉诺夫，她们画人体、学理论，完全按照现代美术院校的教学课程学习。那时候，她们认为这种学习不仅是必要的，也是荣耀的事情，便认真地投入学习，力争好的成绩，认为只有学好一切才能继承惠山泥人。事实上，这种学习方法并不能培养出真正的民间艺人，只能造就现代雕塑家。

后来，她们被卷进"学天津、赶天津、超天津"的热潮之中，都想尽快赶超天津"泥人张"。那时候，喻湘涟和王南仙都认为，惠山泥人不如天津"泥人张"的泥人，于是开始追求写实的风格。现在才明白，那种热潮缺乏理念的制约，高涨的热情代替了冷静的思考。事实上，天津泥人张是以氏族冠名的彩塑流派，惠山泥人是以地域冠名的彩塑流派。一个生成于家族艺术的背景，一个生成于地域风情的背景。两者间从表现内容到艺术语汇都存在着明显的差异。天津泥人以写实见长，尽力追求形象逼真；惠山泥人则包含写意的情调，不注重人体比例和结构的规范。天津泥人更多地采用了雕塑的手法，加减切削无所不用；惠山手捏戏文严格地执行手捏技法，用"手捏十八法"完成形象。取长补短、为我所用，才是相互交流的目的，盲目地模仿和全盘的照搬，只能损坏各自的个性，产生没有特色的四不像。然而，直到90年代，她们才清醒过来。王南仙认真将天津泥人与惠山泥人作了客观比较，得出了冷静而明智的结论。

喻湘涟在下放响水县期间，曾经从事石膏卷笔刀的造型设计工作，又到南京博物院创作现代题材的人物，"文革"期间大家都从事"样板戏"人物形象的设计制作。这些艺术活动，她们都认真地投入，也都曾误认为这就是惠山泥人的组成部分。她们也曾进行过激烈的思想斗争，力图从纷乱的时世中作出自己的选择。这种选择谈何容易，在那样的岁月里又怎么可能？

喻湘涟和王南仙从上个世纪80年代开始接受台湾汉声出版有限公司的约聘，大规模地制作手捏戏文。从台湾人的选择取向和艺术判断中，她们开始认识到传统惠山泥人的宝贵。大陆艺术家、专家对惠山泥人的评判也引起她们深入的思考。最终，她们逐渐感悟出惠山泥人的真谛。那

些早年积累的学识、技艺、经验与本领都找到了展现的契机，丰富深厚的积淀得到了全面的开发，两人的艺术创作逐渐步入空前的巅峰。在这连续8年的创作中，两位大师运用自己的作品，不断诠释着惠山泥人的本质特征，同时她们自己也真正理解了惠山泥人的本质。从此，创作有了明确的方向，结束了长期的彷徨与困惑。事实上，传承惠山泥人的重任，已经落在了她们的肩上。

喻湘涟和王南仙享誉海内外已有多年，依然坚持探索与进取。不仅继承传统，探讨新的题材，而且注意总结经验，梳理那些多年积累的体会和感想，将惠山泥人的传统技法尽可能详尽地描写下来。她们已经写出了多篇文章，并希望通过独立出书，用自己的亲身体验记录下惠山泥人的发展历程。

三、惠山泥人的现状

现在，无锡直街上还有几十家出售泥人的店铺，但是，招牌上都加写了“紫砂”二字。走进店铺，货架上一半是泥人，一半是紫砂茶具。也就是说，所有的泥人店都兼营紫砂器了。柜台中的泥人大多是新式的粗货，手捏戏文极少，而且价钱极贵。传统的粗货几乎没有。这种情况是近十年来发生的巨大变化。在上个世纪八十年代还不是这样。那时，正是民间工艺经历浩劫后的恢

无锡直街上的泥人店都兼营紫砂器

≫ 泥人一条街上所有的招牌都标有“紫砂”字样

复期，直街的泥人店还很繁荣。据现在的情况推想，再过几年，泥人业可能会更加萎缩，惠山泥人昔日的繁华将成往事。很多人关心的一个重大问题是：惠山泥人还能重整旗鼓，再度辉煌吗？

形势确实严峻，无锡泥人厂的主要业务已经不是创作生产惠山泥人，而是接受日本的来样加工，用橡胶模具批量生产日本客商的订货。直街上的泥人多数来自个体艺人的作坊。泥人厂里的技术工人往往不安心现有的工作，不满意现有的待遇，不断有人转为个体，更有不少业务不错的技术人员改行干别的，不做泥人了。这种大家都不愿意看到又不得不面对的境况，说明了什么呢？

其实，不只是惠山泥人行业面临如此的尴尬，在全国各地，许多著名的民间工艺品种都面临

泥人厂正在制做日本订货

着同样的窘境。形成这种局面的根本原因在于社会的变迁，民风民俗正发生着翻天覆地的变革，根植于传统民俗之上的民间工艺必然要在变革中面临新的抉择。

半个多世纪以来，中国民间工艺经历了两次巨大的冲击。一次是20世纪60年代中期至70年代中期的“十年浩劫”，这次冲击是毁灭性的，形成了十年的断档期。十年中不再制作传统品种，更重要的是十年的断层破坏了传统文化的传承，并且改变了所有人的感觉。第二次严重的冲击发生在20世纪80年代中期的经济改革时期。商品经济取代计划经济，全国各处商风鼓荡，民间工艺品的价值取向完全在于是否能卖出好价钱，艺术

无锡泥人厂的主要任务是来样加工

日本人定制的泥质工艺品

价值、文化价值一律让位于经济价值。两次冲击下的民间工艺，要么适应时局，改头换面，要么停止生产。改造过的品种已似是而非、貌似神离；停产的则一蹶不振，逐渐消亡。惠山泥人则属前者。

惠山泥人的复杂局面比其他地区更为严重，原因是它比别人还多了一层磨难，这就是20世纪50年代中期发生在无锡的惠山泥人改造。

1956年、1957年，惠山地区接连来了两三批艺术院校毕业的大学生，参与了惠山泥人的改革与创新，他们都是由政府部门分配到惠山的。他们接受过正规的现代美术教育，以学院里学到的雕塑理论和美术理论为武器，对惠山泥人进行改革，并开始勤奋的创作。江苏省美术培训班以培养训练惠山泥人的专业工作者为己任，学员受到了双重的教育，一方面是正规的艺术院校的课程，另一方面，每人都安排一位老艺人做师傅，从师傅那里学习传统的技艺。这种双重的培训酿就的苦果是很多学员长期以来都弄不明白什么是惠山泥人，什么是现代的雕塑。

惠山泥人作为以地域冠名的民间艺术品种，主要的艺术特征就是浓郁的乡土气息。这种民间艺术，在古代迥异于宫廷艺术、文人艺术和宗教艺术；在现代则迥异于学院的艺术和外国的艺术。只有维护乡土艺术的基本特征才有可能使之继承发展。以现代学院派的美术原理改造民间艺术，必然在损坏民间艺术的同时损坏自己。现代雕塑破坏了原生态的惠山泥人。

20世纪50年代不遵循艺术规律而单凭热情的行为埋下的祸根，今天才逐渐显露出来。现在，已经不景气的惠山泥人，同时存在着三个流派：

一是“学院派”，以创作现代雕塑为主要特征，从创作技法到审美功能都遵循现代雕塑的原则。这种作品的艺术风格无地域性可言，在全国各地大专院校都可以见到。这些作品已经远离了惠山泥人，它们只不过是利用惠山泥土做成的现代泥塑。

二是“创新派”。这一派的作者已经掌握了传统的技法，却不断跟随时尚的变迁创作形似惠山泥人的作品。作品既有传统意味，又有外来美术的意味。卡通化、现代化的程度非常明显，令人爱也不是，厌也不是。

三是“惠山派”。这一派的作品有两种，一种按照传统技法复制传统题材，研究传世的惠山泥人，恢复老的式样。另一种是在继承传统的基础上创作新的题材，仍然保持着传统的特色。

三个流派的并存，混淆了民间美术与现代美术的界限。有不少惠山泥人艺术家同时参与三个流派的创作，什么都能做，什么都会做，其实，什么也没做好。

如今惠山泥人的市场已经相当狭小，而三个流派的产品又在相互争夺市场的份额。更大的恶果是，世人已经无法辨别哪一种才是真正的惠山泥人。

四、值得商榷的“装銮”

传统惠山泥人中曾经出现过一种用非泥土材料装饰泥人的办法，被称作“装銮”。其法大致是利用丝绸、棉布、丝棉、竹签、彩色纸、金属丝、玻璃珠等材料制作泥人的服饰、头饰、道具、兵器等附属配件。其目的是为了使泥人更加“闹猛”，意思是使表现效果更丰富、更热烈。这种装銮的方法，至今仍在使用，并有愈演愈烈的趋势。现在的问题是：这样的装饰方法到底好不好？是不是有利于维护惠山泥人的特色？

推想最早的装銮，很可能是迫不得已的权宜之计。在粗货与细货中都存在着不易用泥土塑造的部位，例如轻柔的飘带、细小的头饰、文人的扇子、武将的靠旗、兵器等等，或微小、或纤细、或形制复杂。由于泥土的强度有限，可塑性有限，细微的配饰确实不容易用泥捏成。当初，是因为迫于降低成本的要求，不能投入更多的时间；又迫于泥土易损易坏的局限，不得不使用非泥土材料。最早的装銮应属不得已而为之。

但是，现在的理论研究却把这种不得已而为之的辅助手法提升为惠山泥人的“一大特色”，从理论上给予了充分的肯定。这就意味着对非泥土材料的赞扬与鼓励，这种情况值得商榷。

作为工艺美术品，材质的统一是维护形式完整的重要因素。泥塑的首要材料是泥土，漆器的首要材料是大漆，刺绣的首要材料是绣线和底料，剪纸的首要材料是纸张……材料的确指性是对工艺品种最基本的形式要求，维护各个工艺品种材质的统一与完整，是创作者义不容辞的责任。试想，如果大家都不重视材质的确指性，在一个工艺品种中大量使用不同的材料，那么，中国工艺美术的各个品类就不具备个性特征了，那将是一个多么混乱的局面啊！

事实上，装銮的实施，已经造成了破坏审美的负面效应。每当看到泥人中出现了纸张、丝绸、金属丝等非泥土材质时，总要造成观赏者淡淡的遗憾。首先感到的是形式上不够完整。具体到纸张、丝绸、竹木等材质与泥土的结合是否坚固，这些材质能否与泥人一样长期保存而不变质等问题倒在其次。

事情的另一面是：有些泥塑家不使用装銮技术，也能达到“闹猛”的效果。当代彩塑家郑于鹤就不用装銮，他做的泥娃娃的头饰依然丰富绚烂，于潇洒中透露着精湛。古代彩塑的优秀作品，如苏州东山紫金庵的南宋彩塑罗汉，只用泥土就塑造出质感逼真的丝绸和麻布。泥土材质的局限，在这些艺术家的手里，不仅没有妨碍其表现特殊的内容，而且已将这种材质的限制转化为独特的风格。材质的统一与否，既是检验作者技术手段精湛与否的试金石，又是衡量作者设计思想水平高低的尺度。

结论是：惠山泥人中非泥土材料的运用，不仅不应提倡，而且应该限制，越少越好，不用最好。

五、鸣谢

编撰“中国民间艺术传承人口述史丛书”的动议是由中国艺术研究院发起的，整理者们都经过了培训，统一了思想才开始工作。然而，并不顺利。编者在不到一年的时间内跑了两趟无锡，历时十余天，每天都请喻湘涟和王南仙进行口述，并拍摄照片。把年逾花甲的两位大师累得不轻。喻老师和王老师极其耐心地配合工作，仔细地回忆自己走过的道路，反复表演手捏与彩绘的技法，并陪同编者实地考察惠山祠堂旧址，最后还拿出了珍藏的文字手稿和画稿。对此，编者与读者都应该向两位大师致以敬意和谢意！

第一次担任整理口述史的工作，经验不足，功力也差。费了半天劲，第一稿出来了，大家都不满意。于是又去无锡，征求意见，收集材料，编成第二稿……总之，三易此稿始得出笼，但是，缺憾之处仍不能免，主要有三点应该交代清楚：

一是对口述人的艺术经历考察不够，口述人生活过的响水县、工作过的南京博物院都未及考察。这是重要缺憾。

二是对口述人的亲属、同事采访不多，收集客观评价较少。

三是本书编者对惠山泥人的理解不够深刻，所持观点未必完全正确。

虽然存在诸多毛病，但还是完成了一部由两位大师亲口讲述的泥人艺术的口述历史。

在考察、采访与整理的过程中，付出辛苦最多的是清华大学美术学院史论系的两位硕士研究生周佳和林芳。她们的研究方向都选择了民间工艺美术主题，故此对惠山泥人十分敬重，也因此付出了艰苦的努力。在把录音整理成文字的过程中，周佳、林芳边听、边记、边打字，非常辛苦，却任劳任怨。清华大学美术学院史论系的另一位硕士研究生王伟，于后期参与了这本书的订正工作，认真负责地修改、校对文稿，付出了辛苦。在此，谨向三位同学致以诚挚的谢意！

采访中，惠山泥人厂厂长沈大授先生、为大师烧造泥坯的路朔良先生，以及喻湘涟和王南仙的家人都曾经给予热情的接待与帮助，在此一并致谢！

王连海

2007年12月19日

于北京龙博苑